KB236855

국어학논집

제 5 집

국어학논집
제5집

서울대학교 국어국문학과 편

도서출판 역락

머리말

　1992년부터 펴낸 "국어학 논집"은 서울대학교 국어국문학과 대학원 국어학 전공자들이 박사 과정에 개설되어 있는 고영근 선생님의 <국어 형태론 연습>에 제출한 기말 보고서들을 묶어 만든 논문집이다. 이번에 간행되는 "국어학 논집"이 제5집이므로 10여 년의 세월 동안 대략 2년에 한 번 꼴로 "국어학 논집"을 선보인 셈이다. 애초의 계획은 강의가 개설된 학기마다 논문집을 엮어내는 것이었으나, 해당 학기의 보고서의 숫자가 적기도 하거니와 질적으로도 만족스럽지 못하다는 학생들의 우려감으로 인해 애초의 계획을 충실히 실천하지는 못하였다.

　이번 "국어학 논집 제5집"은 2001년 1학기와 2002년 1학기에 개설된 <국어 형태론 연습>의 보고서를 중심으로 만들었다. 필자에 따라 1년 혹은 2년 전에 썼던 원고를 조금 손질하여 내놓기도 하고, 완전히 새로운 논문을 쓰기도 하였다. 이번 "국어학 논집"이 필자들에게 이전의 문제의식을 다시 한 번 음미할 수 있는 기회가 되었으며, 조금이나마 학문적으로 성숙할 수 있는 기회였을 것으로 기대한다.

　"국어학 논집 제5집"에 실린 논문들이 다룬 주제들은 매우 다양하다. 전통적인 형태론 연구 영역에 속하는 접미사나 품사 설정에 관한 논의에서부터 통사론 영역에 속할 시제나 경어법 체계를 다룬 논문은 물론 텍스트 언어학의 연구 영역에 속할 개별 문헌의 텍스트성을 다룬 논문도 있다. 이는 <국어 형태론 연습> 수업과 관련된 형태론 분야의 논의에 얽매이지 않고, 현재 대학원에 재학하고 있는 학생들의 다양한 관심 분야를 그대로 반영한 것이라고 할 수 있다.

　　이 논문집에는 아직 성숙하지 못한 미숙한 논의들과 채 검증되지 않은 생각들도 많을 것이다. 그러나 이러한 논의가 국어학 연구자들의 내적 성숙을 위한 밑거름이 되기를 바라며, 동시에 학계에도 작은 빛이 되기를 바란다. 보다 심도 있고 객관적인 논의를 위한 독자 여러분의 심도 있는 비판이 무엇보다도 필요함은 물론이다. 끝으로, 여러 가지 어려움 속에서도 이 책이 세상에 나올 수 있도록 도와주신 역락출판사 이대현 사장님과 편집부 관계자 여러분께 감사드린다.

2003년 10월

집필진 씀

목차
국어학논집 제5집

목차

국어학논집 제5집

'-ㅂ넨다'류와 '-ㅂ뎬다'류에 대한
문법적 고찰

이 지 영

1. 서론

본고는 19세기 말에 나타나기 시작하여 주로 20세기 초까지 발견되는 '-ㅂ뎬다'류와 '-ㅂ넨다'류에 대한 문법적 고찰을 목적으로 한다. '-ㅂ뎬다'류와 '-ㅂ넨다'류의 형성 과정은 '-습니다'류와 '-습디다'류의 형성과정과 유사할 것으로 생각된다. 잘 알려져 있듯이 '-습니다'는 '-ᄉᆞᆸᄂᆞ이다>-ᄉᆞᆸᄂᆞ이다>-습니다>-습늬다>-습니다'의 과정을 거친 것이고, '-습디다'는 '-ᄉᆞᆸ더이다>-습더이다>-습데다>-습디다'의 과정을 거쳐서 형성된 것이다.[1] '-습니다'류와 '-ㅂ넨다'류, 그리고 '-습디다'류와 '-ㅂ뎬다'류의

---

[1] 물론 이 과정에 개입되는 음운과정이 매끄럽게 설명되고 있는 것은 아니다. '-습니다'류의 통시적 변화 과정과 관련된 음운론적 논란은 '-이-'의 응축과 관련된 문제와 관련되는데, '-습니다'류에서 보이는 '-이-'의 응축 현상이 움라우트에 의한 것으로 보아

형성 과정이 유사할 것으로 생각되므로 '-ㅂ넨다'류와 '-ㅂ뎬다'류에 나타난 '-네-'와 '-데-'에 대한 설명은 '-습니다'류나 '-습디다'류의 설명으로 돌리고 본고에서는 '-ㅂ넨다'류와 '-ㅂ뎬다'류에 나타난 'ㄴ'의 성격을 고찰하는 것에 초점을 둘 것이다.

유사한 과정을 거쳐 형성된 '-습니다'류와 '-습디다'류에 비해서 '-ㅂ넨다'류와 '-ㅂ뎬다'류는 그리 큰 조명을 받지 못했다. 이 어형들에 대한 최초의 언급은 Gale(1894)에서 보이지만, 국어학자에 의한 문법론적인 접근은 고영근(1989)이 처음이다. Gale(1984)의 서문에서 밝히고 있듯이 그가 책을 쓸 때 도움을 준 한국어 화자들은 북부, 서울, 경상도 출신이었으며, 고영근(1989)에서 연구대상으로 삼은 자료는 서울 출신 소설가들의 작품이었으므로, 결국 두 연구에서 자료로 삼은 '-ㅂ넨다'류와 '-ㅂ뎬다'류의 예들은 북부, 서울, 경상도 지역으로 한정된다. 그러나 이 어형들은 이 지역과 이 시기에만 한정되는 것은 아니다. 현대의 진도지역어에는 '-읍닌자/-읍닌짜'와 '-읍딘자/-읍딘짜'가 나타나며, 김성택(1986)의 보고에 따르면, 강릉지역어에 '-ㅂ닌다'와 '-ㅂ닝꺄'가 남아 있다고 한다. 결국 '-ㅂ넨다'류와 '-ㅂ뎬다'류는 비록 '-습니다'류와 '-습디다'류에 비해서 활발히 사용되지는 못 하였고, 현대국어에 그 존재가 미미하게 남아 있다 하더라도 이 어형들이 지역적 한계를 가지고 쓰였던 어형들이 아니라 전국적인 분포를 가졌던 것으로 추정할 수 있다.

'-ㅂ넨다'류와 '-ㅂ뎬다'류의 문법적 지위에 대한 최초의 규정이라고 할 수 있는 고영근(1989)에서는 이들을 '원칙법어미'로 보았다. 그러나 동일한 형성 과정을 거친 '-습니다'류가 설명법어미인 데 반하여 '-ㅂ넨다'류와 '-ㅂ뎬다'류가 '원칙법어미'가 되는 이유에 대해서는 설명하지

야 하는지, /j/개재현상으로 보아야 하는지에 대한 논란이다. 음운론적 관점에서 이 문제를 상세하게 다룬 논의는 최명옥(1989/1998)이 있으며, 이현희(1982)는 의문문의 통시적 발달을 다루면서 이 문제를 언급한 바 있다. 본고는 '-습니다'류와 유사한 과정을 거쳐 형성되었을 것으로 생각되는 '-ㅂ넨다'류와 '-ㅂ뎬다'류를 다루지만 관심의 초점을 문법론의 영역에 두고 있으므로 '-습니다'류와 관련된 음운현상에 대한 문제는 상론하지 않기로 한다.

않았다. 본고는 바로 이에 대한 반론으로서 ‘-ㅂ넨다’류와 ‘-ㅂ뎬다’류가 ‘원칙법어미’가 아니라 ‘설명법어미’라고 주장할 것이며,[2] 이에 대한 논거로 원칙법어미가 나타날 수 없는 의문법에 ‘-ㅂ넨다’류와 ‘-ㅂ뎬다’류가 나타나는 예를 진도지역어와 강릉지역어의 예를 통해 보일 것이다.

2. ‘-ㅂ넨다’류와 ‘-ㅂ뎬다’류에 대한 기존의 논의 검토

서론에서 언급한 바대로 ‘-ㅂ넨다’류와 ‘-ㅂ뎬다’류에 대한 최초의 언급은 Gale(1894:30~32)에서 보인다.

---

2) 본고는 ‘-ㅂ넨다’류와 ‘-ㅂ뎬다’류의 문법적 성격이 무엇인가 하는 문제를 이들 어미가 원칙법이냐 설명법이냐 하는 문제로 좁혀 논의하고 있다. 그러나 이 두 가지 가능성 외에도 ‘-ㅂ넨다’류와 ‘-ㅂ뎬다’류의 성격을 규명하기 위해 생각해 볼 수 있는 가능성은 두 가지 정도가 더 있을 수 있다. 하나는 이들 어미에 나타난 ‘-ㄴ-’이 중세국어의 의문형어미 ‘-ㄴ다’의 ‘-ㄴ-’일 가능성이다. 그러나 ‘-ㅂ넨다’류와 ‘-ㅂ뎬다’류의 어미들이 평서문에서도 나타난다는 사실에 의해 이러한 가능성은 근거 없는 것이 된다. 다른 하나는 이들 어미에 나타난 ‘ㄴ’이 현대국어의 현재 시제의 평서형어미 ‘-ㄴ다’의 ‘-ㄴ-’일 가능성이다. 즉 현재시제 선어말어미인 ‘-느-’에서 모음이 탈락된 ‘-ㄴ-’으로 이해하는 것이다. 그러나 이 가능성 또한 다음의 세 가지 이유에 의해서 배제된다. 첫째로 현재시제의 평서형어미인 ‘-ㄴ다’는 동사어간에 직접 통합되는 것이므로, ‘-느-’와 ‘-이-’, ‘-더-’와 ‘-이-’의 응축형인 ‘-네-’와 ‘-데-’ 뒤에는 통합될 수 없다. 둘째로 이들 어미에 나타난 ‘ㄴ’이 선어말어미 ‘-느-’와 관련되는 것이라면 ‘-ㅂ뎬다’에서 ‘-더-’와 ‘-느-’가 공기하고 있다고 해야 하나, 잘 알려져 있듯이 선어말어미 ‘-더-’는 선어말어미 ‘-느-’와 배타적 분포를 보인다. 셋째로 ‘-ㅂ넨다’류에서 현재시제 선어말어미 ‘-느-’는 이미 ‘-네-’에 반영되어 있다. 그런데 동일한 기능을 하는 선어말어미가 또다시 ‘-ㄴ-’의 형태로 나타난다는 것은 불가능할 것이다. 이상과 같은 이유로 본고는 ‘-ㅂ넨다’류와 ‘-ㅂ뎬다’류의 문법적 성격을 고찰함에 있어서 그 해석 가능성을 원칙법과 설명법이라는 두 축을 중심으로 전개하는 것이다.

(1) ㄱ. 러일 화륜션 쩌남닌다
    ㄴ. 그 사룸이 구졔 만히 호엿습닌다
    ㄷ. 젊엇슬 쎄 미 산양 만히 도엿습뎬다
    ㄹ. 초년에 고싱 만히 호엿습뎬다

위의 예문은 Gale(1894)에 제시된 예들인데, 그는 위의 예에서 보이는 '-ㅂ닌다'류와 '-ㅂ뎬다'류의 어미를 각각 '-ᄂ니라', '-더니라'와 비교하면서 이들 형태가 존칭과 비칭의 대립을 보인다고 하였다.[3] Gale(1916)에서는 직설법을 'forms used in speaking of what is immediately seen or known'으로, '-더-'가 포함된 어미들은 'indirect verbal forms'로 파악하였다. 흥미로운 것은 직설법의 한 종류로서 'the independent forms'를 설정하여 '-ᄂ니라'와 '-ㅂ닌다'를 포함시키고 있다는 점이다.[4] 그러나 '-ᄂ니라'와 '-ㅂ닌다'와 달리 '-더니라'와 '-ㅂ뎬다'는 'indirect verbal forms'로 되어 있고, 다만 '-더니라'와 '-ㅂ뎬다'의 'ㄴ'이 '-ᄂ니라'와 '-ㅂ닌다'의 'ㄴ'과 같이 'instructing, informing sign'라고 하였다.

Gale은 '-ᄂ니라'와 '-ㅂ닌다', '-더니라'와 '-ㅂ뎬다'가 가지는 관계에 대해서도 파악하고 있었을 뿐 아니라 '-ㅂ닌다'와 '-ㅂ뎬다'의 'ㄴ'이 동일한 기능을 한다는 점도 이해하고 있었던 것이라고 할 수 있다.

고영근(1989:193~8)는 서울 출신의 작가들이 쓴 1930년대의 소설을 대상으로 서법에 대한 연구를 하면서 '-ㅂ닌다'와 '-ㅂ뎬다'에 대한 분석을 한 바 있다.

(2) ㄱ. 아씨는 그저 잠자쿠 있어야 헙뎬다
       (직녀성 상221) [=고영근의 (6)]

---

3) Gale(1894)의 재판인 『*Korean Grammatical Forms*』(1916 : 24~26)에서의 설명도 초판과 동일하다.

4) Gale(1916:22~24)의 'the independent forms'는 'forms used in making a general statement without regard to matter being directly seen or in hand'로 설명되어 있는데, '-ᄂ니라'와 '-ㅂ닌다'는 'the independent forms present indicative'로, '-엇ᄂ니라'와 '-엇심닌다'를 'the independent forms past indicative'로 분류되어 있다.

ㄴ. 파도가 좀 세긴 하지만 너무 잔잔한 거보다 되레 <u>좋읍넨다</u>
(화상보 385:385) [=고영근의 (20)]
ㄷ. 그는 생전에 글을 <u>좋아합딘다</u> (큰사전) [=고영근의 (27)]

그는 위의 예문에 나타난 '-ㅂ넨다'와 '-ㅂ딘다'가 원칙법어미라고 보았는데, 설명법이 아니라 원칙법이 되는 이유에 대해서는 상술하지 않았다. 고영근(1981)에서 정의된 원칙법이란 '불변적, 기정적 사실을 일깨워 주는 화자의 태도가 드러나는 서법'이므로, 고영근(1989)에서 말하는 원칙법은 사실상 Gale(1916)의 'ㄴ'에 대한 설명과 통한다.

그러나 두 사람의 입장이 완전히 같은 것은 아니다. Gale(1916)은 앞서 언급한 대로 소위 원칙법적 의미를 하나의 서법으로 설정하지 않고 직설법의 하위부류로 본 반면, 고영근(1981)은 원칙법을 직설법과는 구별되는 서법으로 설정한다. 여기서 우리는 직설법과 원칙법이라는 것이 뚜렷이 구별될 수 있는 범주인가 하는 문제에 부딪치게 된다. 원칙법을 직설법과 구별되는 하나의 범주로 설정한 고영근(1981)의 체계 내에서 우리는 원칙법과 직설법이 그 실현 형태뿐만 아니라 선어말어미와의 통합 환경이 동일하다는 것을 알게 된다. 이 두 서법이 구별될 수 있는 것은 원칙법이 의문문에서 나타날 수 없다는 점5)과 의미상 직설법에는 결여되어 있는 '불변적, 기정적 사실을 일깨워 주는 화자의 태도'가 담겨 있다는 점에 의해서이다. 여기서 주목해야 하는 것은 직설법과 원칙법이 서로 상대되는 어미가 가지는 의미기능 혹은 분포상의 특징의 결여로서 정의되고 있다는 사실이다.

사실상 직설법에 결여된 원칙법의 의미는 실제 예의 분석에서 그리 명쾌하게 드러나지 않는 경우가 많다. 다음의 예를 통해 이 사실을 확인할 수 있다.

---

5) 좀더 정확하게 말한다면, 고영근(1981)에서는 원칙법과 둘째 설명법어미에 대한 변별이라고 할 수 있다. 즉 의문문어미인 '-니…가'의 '-니-'는 둘째 설명법이지 원칙법이 아니라고 하였다.

(3) "사ᄅᆞ미 목수미 **無常**ᄒᆞᆫ <u>거시라</u>"
　　(월석 7:2ㄱ) [=고영근(1981:98)의 (18)]

고영근(1981:98)에 따르면, 이 예의 '거시라'는 직설설명법이지만, 원칙적 의미를 표시하는 것으로 해석되었다. 직설법이 원칙법의 의미를 나타낼 수 있다고 하는 것은 이 두 서법의 거리가 그리 크지 않음을 보이는 것이라 할 수 있다. 직설법과 원칙법의 구분이 사실상 모호할 수 있다는 점은 고영근(1989:197, 각주 108)에서도 암시된 바 있다. 저자가 '원칙법(apodictive)'이라고 한 것은 Jespersen의 분류에 따른 것인데, Jespersen은 원칙법의 예로 "Twice two must be(is necessarily) four."와 같은 예를 제시했다고 한다. 결국 저자는 원칙법과 직설법이 서로 명백하게 구분되는 서법 범주라고 하였지만, 정작 저자가 '원칙법'이라는 용어를 빌려 온 Jespersen은 오히려 직설법의 예를 '원칙법'의 의미를 보여주는 것으로 제시한 것이다.

또한 원칙법은 직설법과 달리 의문문에서 나타날 수 없다는 점은 이 두 서법이 상보적 분포를 보이는 것이 아닐까 하는 의구심을 가지게 한다. 흔히 상보적 분포를 보이는 형태들은 동일 범주로 분류된다는 점을 생각해 보면, 원칙법과 직설법의 거리는 더 좁혀지는 셈이다.

이상에서 본고는 '-ㅂ녠다'류와 '-ㅂ뎬다'류에 대한 기존의 논의를 검토하였다. Gale(1916)과 고영근(1989)는 이들 어미에 나타난 의미기능이 고영근(1981)적인 의미에서 '원칙법'적인 것이라고 본 점에서는 동일하다. 그러나 전자는 이 같은 의미가 직설법의 한 하위유형이라고 생각하였고, 후자는 직설법과는 구별되는 하나의 서법 범주라고 본 점에서 차이가 있다.

3. '-ㅂ넨다'류와 '-ㅂ덴다'류의 문법적 성격 검토

앞의 2장에서는 고영근(1981, 1989)의 원칙법에 대한 비판적 검토를 통해 원칙법이 사실상 직설법과 그리 명확하게 구분되는 범주가 아니라는 점을 보였다. 원칙법과 설명법의 경계가 그리 명확하지 않다는 비판은 '-ㅂ넨다'류와 '-ㅂ덴다'류가 원칙법이라고 규정한 고영근(1989)의 논의를 다시 원점으로 돌려놓는다. 설령 이 어미들이 원래 원칙법에서 발달한 것이라 해도 이 어미들에 남아 있는 원칙법 선어말어미가 '-니-'가 아니라 'ㄴ'으로 축약되어 나타나 있다는 사실은 이들 어미에서 원칙법의 의미기능이 약화되었음을 뜻한다고도 볼 수 있게 한다. 선어말어미의 음운론적 축약이 의미기능의 약화를 초래하는 현상은 추측회상법의 '-리러-'에서 볼 수 있다. 허웅(1979:45)에서는 17세기에 '-리러-'가 '-ㄹ러-'로 바뀌면서 '-더-'의 뜻이 약해지고, '-리-'가 나타내는 미정적인 뜻만이 남게 되었다고 한 바 있다. 또한 허웅(1982:181~182)에서는 '-ㄹ러-'에서 '-리-'의 뜻이 약화되어 '-더-'의 뜻만이 파악되는 예들이 『긔히일기』와 『독립신문』에서 발견된다고 한다. '-리러-'의 '-리-'가 음운론적인 축약을 거쳐 '-ㄹ러-'가 되었을 때 겪게 되는 의미기능의 약화 현상은 원칙법의 '-니-'에 대해서도 적용될 수 있다. 그렇다면 다른 서법에 비해 그 경계가 매우 모호한 원칙법과 직설법은 '-ㅂ넨다'류와 '-ㅂ덴다'류에서 더욱 그 경계가 약화되어, 이들 어미에서 원칙법의 의미를 발견하기란 매우 어렵게 되는 것이다. 이러한 논의하에서는 '-ㅂ넨다'류와 '-ㅂ덴다'류가 음운론적 축약으로 인한 의미기능의 약화를 겪었기 때문에 원칙법의 의미가 쉽게 드러나지 않을 뿐이지 원칙법에 속하는 어미라고 할 수 있을지 모른다.

하지만 다음에 제시하게 될 사실들에 의해 '-ㅂ넨다'류와 '-ㅂ덴다'류는 원칙법이 아님이 드러난다. 원칙법은 앞서 2장에서 언급하였듯이 정의상 의문문에서 나타날 수 없다. 그런데 진도지역어에서는 '-ㅂ넨다'류나 '-ㅂ덴다'류와 동류의 것으로 보이는 '-ㅂ닌자'와 '-ㅂ딘자'가 평서문

뿐만 아니라 의문문에서 쓰이는 예가 발견된다.[6]

  (4) ㄱ. 우리 함마니가 진도서 <u>왔어람닌자</u>. (21)
      ㄴ. 나럴 암컷도 보도 안하고 시집얼 <u>보냈어랍닌자</u>. (33)
  (5) ㄱ. 그라고는 원두리서 이자 큰놈얼 낳고 큰놈 밑에 딸얼 쪼르라니
          다섯얼 안 <u>낳았습닌자</u>? (44)
      ㄴ. 의신면 사람 <u>아닙닌자</u>? (56)
      ㄷ. 남정네 같으면 몇 개 처 맞어도 끅고 막 쌈얼 하는데 그래도 부
          모 <u>아닙닌자</u>? (124)
      ㄹ. 삼춘! 나는 시아버니가 부종이 나 갖고 이라는데 삼춘은 어찌께
          해서 <u>낳었습닌자</u>? (125)
      ㅁ. 벡파장같이 물도 <u>없을랍딘자</u>? (52)

  (4)는 평서문에 쓰인 '-ㅂ닌자'의 예이다. (4ㄱ)과 (4ㄴ)을 각각 표준어
로 바꾸어 보면, "우리 할머니가 진도에서 왔습니다."와 "나를 아무것도
보지도 않고 시집을 보냈습니다."가 된다. (5)의 경우는 '-ㅂ닌자'와 '-ㅂ
딘자'가 의문문에 쓰인 예인데, (5ㄱ)은 "큰 놈 밑에 딸을 쪼르르 다섯을
안 낳았습니까?", (5ㄴ)은 "의신면 사람 아닙니까?", (5ㄷ)은 "그래도 부모
아닙니까?", (5ㄹ)은 "삼춘은 어떻게 해서 나왔습니까?", (5ㅁ)은 "벽파리
같이 물도 없을까?" 정도의 뜻으로 볼 수 있다.
  위의 예문에서 우리가 주목해야 하는 것은 '-ㅂ닌자'와 '-ㅂ딘자'가 의
문문에 쓰인 (5)의 예이다. 원칙법이 정의상 의문문에 나타나지 않는 것
으로 규정되어 있다는 점은 앞서 여러 번 지적한 바 있다. 그렇다면 (5)
와 같이 의문문에 쓰인 '-ㅂ닌자'와 '-ㅂ딘자'의 예는 문제적이라 아니할
수 없다. 각각의 예를 살펴보자. (5ㄱ, ㄴ, ㄷ)은 형태상으로는 의문문이
지만, 그 발화수반력은 평서문과 동일하다. 즉 대답을 바라는 일반적인
의문문이 아니라 의문문의 형식을 빌어 자신의 말을 강조하는 것으로서

---

6) 이 자료는 『뿌리깊은나무 민중자서전 20 진도 단골 채정례의 한평생 "에이 짠한 사
   람! 내가 나보고 그라요"』(1992, 뿌리깊은나무)에서 뽑은 것이다. 예문 뒤의 숫자는
   각 쪽수를 표시한 것이다.

담화상에서 각각 "딸을 다섯을 낳았습니다", "의신면 사람입니다.", "부모입니다."와 그 기능이 유사하다. (5ㄷ)은 표준어 구어의 '~라는 거 아닙니까?'와도 그 담화기능이 유사한 것으로 보인다. 따라서 전형적인 의문문이라고는 할 수 없다. 또한 (5ㅁ)도 전형적인 의문문은 아니다. 이 경우는 자조적이고 한탄이 섞인 독백의 담화 기능을 하는 의문문이다. 그러나 (5ㄹ)의 경우는 매우 문제적이다. 이것은 위에서 살펴본 (5ㄱ, ㄴ, ㄷ, ㅁ)과 같은, 예외적 유형의 의문문이 아니라 의문사가 포함된 설명의문문이기 때문이다. 따라서 원칙법이 정의상 의문문에 나타날 수 없는 것이라면, 진도지역어의 '-흡닌자, -흡딘자'를 원칙법이라고 볼 수 없으며, 이들 어미에 나타난 'ㄴ'을 원칙법선어말어미 '-니-'의 축약으로 해석할 수 없는 것이다.

진도지역어의 '-ㅂ닌자, -ㅂ딘자'를 본고의 대상인 '-ㅂ넨다, -ㅂ덴다'와 연계시켜 해석하고자 하는 배경에는 이 지역어의 종결어미가 보여 주는 양상이 '-ㅂ넨다'와 '-ㅂ덴다'가 문헌상에서 나타나던 당시, 즉 20세기를 전후한 시기의 언어사실과 동일하기 때문이다. 진도지역어의 종결어미를 살펴보자.

(6) ㄱ. 나는 엄매한테만 이것얼 <u>뺐습녀이다</u>. (27)
    ㄴ. 지금은 차로 댕기제마는 이전에는 장구포 앞이로 해서 앵무동나루 건네서 걸어 <u>댕겼습녀이다</u>. (38-9)
    ㄷ. 결혼은 열야닲에 쟈네 아부지가 열여섯살에 <u>했습더이다</u>. (36)
    ㄹ. 내가 긇게 새끼럴 <u>켰습더이다</u>. (52-3)
(7) ㄱ. 어찌께 자네는 잘 <u>아네</u>. (25)
    ㄴ. 시상에 멋없는 난데 자네 멋있데, 목 좋고 뭘 그란가, 나보담 헐썩 <u>잘하데</u>.(24)
(8) ㄱ. 그란데 군대에서 영장 받아서 군인에 갔다가 작년에 제대했다고 <u>합디다</u>. (24)
    ㄴ. 받어다 잔술 안 <u>합니다</u>. (79)
    ㄷ. 저녁마당 만길서 혼맞은 사람 굿얼 하면 택시 기사덜이 귀신 실고 댕기기 징했닥 <u>안합디까?</u> (95)

(6)에서는 '-습ᄂ이다>-습ᄂ이다'와 '-습더이다>-습더이다'의 단계에서 볼 수 있는 '-이->-이-'의 변화를 겪은 '-습녀이다'와 '-습더이다'가 나타난다. (7)에서는 '-ᄂ이다>-니다>-니>-네'와 '-더이다>-데다>-데'의 변화 과정에서 나타나는 마지막 단계의 '-네'와 '-데'가 보인다. (8)에서는 '-습니다'류의 최종 단계의 모습을 보인다. 이처럼 진도지역어는 '-ㅂ닌자, -ㅂ딘자' 뿐만 아니라 '-습니다'류의 각 단계에서 볼 수 있는 어형들이 모두 공시태 속에 존재하고 있다. 본고의 대상인 '-ㅂ넨다'류와 '-ㅂ뎬다'류를 진도방언의 '-ㅂ닌자, -ㅂ딘자'와 동일하게 보려는 것은 바로 이 때문이다. 진도지역어에서 '-ㅂ닌자, -ㅂ딘자'가 차지하는 어미 발달상의 단계와 '-ㅂ넨다, -ㅂ뎬다'류의 어미가 차지하는 발달상의 단계가 동일하기 때문이다.

진도지역어에서 또 하나 홍미로운 것은 (6ㄹ)과 같이 선어말어미 '-더-'가 1인칭 주어와 공기하는 예가 나타난다는 점이다. 선어말어미 '-더-'는 현대국어에서 인칭제약을 가지고 있는 것으로 알려져 있다. 즉 선어말어미 '-더-'는 평서문에서 1인칭 주어와 공기할 수 없다. 현대국어와 같은 선어말어미 '-더-'의 인칭제약은 20세기 초에 이루어지는데(이지영 1999), 20세기 초라면 본고의 대상인 '-ㅂ넨다'류와 '-ㅂ뎬다'류가 '-습니다, -습디다'류와 공존하던 시기이자, 위의 (6), (7), (8)에서 살펴본 어미들이 모두 나타나던 시기이다. '-더-'의 인칭제약이 확립된 시기와 이들 어미의 공존 여부가 직접적인 상관관계를 가지는 것은 아니지만, 두 가지 언어현상이 공존한다는 사실은 현대의 진도지역어의 언어사실이 20세기 초의 언어사실과 일치한다는 것을 증명하는 셈이다. 서로 다른 두 시기의 언어가 이처럼 동일한 양상을 보인다는 점은 진도지역어의 '-ㅂ닌자'와 '-ㅂ딘자'가 20세기를 전후한 시기에 나타나는 '-ㅂ넨다'류와 '-ㅂ뎬다'류와 동일한 의미기능 범주에 속하는 것임을 반증한다고 할 수 있다. 더 나아가 동일한 의미기능 범주에 속하는 어미가 서로 다른 서법에 속할 수는 없기 때문에 진도지역어의 '-ㅂ닌자'와 '-ㅂ딘자'가 원칙법이 아니라는 것은 곧 20세기를 전후한 시기에 나타난 '-ㅂ넨다'와 '-ㅂ뎬다' 역시 원칙법이 아니라는 것을 증명하는 셈이다.

김성택(1986)에 따르면 강릉지역어에서도 진도지역어와 유사한 어미가 발견된다고 한다.[7] 그가 보고한 바에 따르면 강릉지역어에도 ‘-ㅂ닌다’와 ‘-ㅂ닝꺄’라는 어미가 있다. 이 어미들은 우리가 살펴본 ‘-ㅂ넨다’, ‘-ㅂ덴다’나 ‘-ㅂ닌자’, ‘-ㅂ딘자’처럼 ‘-ㅂ니-’와 ‘-다/꺄’의 사이에 자음이 존재한다. 이 자음은 ‘-ㅂ넨다’, ‘-ㅂ덴다’나 ‘-ㅂ닌자’, ‘-ㅂ딘자’류에서 볼 수 있는 자음 ‘ㄴ’과 같다. 따라서 강릉지역어에서 발견되는 ‘-ㅂ닌다’나 ‘-ㅂ닝꺄’도 진도지역어의 ‘-ㅂ닌자’나 ‘-ㅂ딘자’와 마찬가지로 ‘-ㅂ넨다’류와 ‘-ㅂ덴다’류에 속하는 것이라고 할 수 있다. 우리가 주목하고자 하는 바는 강릉지역어에서도 ‘-ㅂ닝꺄’와 같이 의문문에 쓰일 수 있다는 사실이다. 여러 번 반복되는 이야기이지만, 원칙법은 정의상 의문문에 쓰일 수 없다. 그런데 앞서 살펴본 바와 같이 진도지역어의 ‘-ㅂ닌자’나 ‘-ㅂ딘자’, 그리고 강릉지역어의 ‘-ㅂ닝꺄’와 같이 의문문에 쓰인 ‘-ㅂ넨다’류와 ‘-ㅂ덴다’류가 존재하는 것이다. 따라서 ‘-ㅂ넨다’류와 ‘-ㅂ덴다’류는 고영근(1989)의 주장처럼 원칙법이 아니며, 이들 어미는 직설법임이 다시 한 번 확인된다.

4. 직설법과 원칙법, 그 담화 맥락과의 관계

3장에서는 진도지역어와 강릉지역어의 예를 통해 ‘-ㅂ넨다’류와 ‘-ㅂ덴다’류가 원칙법이 아니라 직설법임을 밝혔다. 이는 이들 지역어에서 나타난 의문문의 예를 통해 증명되었다. 4장에서는 이들 어미가 직설법임을 직설법과 원칙법이 사용되는 맥락에 대한 일반적 논의를 통해 증명하게 될 것이다.

---

7) 이 연구는 음운론의 입장에서 지역어를 조사·연구한 것이므로 앞서 상술한 진도지역어처럼 다양한 예를 보여주고 있지는 않다.

현대국어에서 원칙법 어미로 분류되는 것은 '-(으)니라, -느니라, -더니라'이다. 그런데 이들 어미는 청자보다 우월한 지위에 있는 화자가 사용하는 것이 일반적이다. 이는 '불변적, 기정적 사실을 일깨워 주는 화자의 태도'가 담겨 있는 서법이라는 원칙법의 정의에 이미 함의되어 있는 사실이다. 소박한 관점에서 화자와 청자 간에 이루어지는 의사소통의 목적을 정보의 전달과 습득이라고 한다면, 화자가 청자가 모르는 정보를 전달한다고 할 때 화자는 청자보다 우위에 있게 된다. 더구나 화자가 전달하려고 하는 정보가 주관적인 것이 아니라 '불변적, 기정적'인 것이라면 그 우위성은 더 커진다. 의사소통에서 전달되는 정보의 가치를 '어느 정도의 의미를 가지는가'로 판단한다면, 주관적 정보보다는 객관적 정보가 더 가치 있는 것이며, 객관적 정보 중에서도 '불변적, 기정적인 정보'라면 최상의 가치를 가지게 된다. 정보의 가치 면에서 최상의 정보를 청자에게 전달해 주는 화자는 청자에 비해서 우월적 위치에 설 수밖에 없다. 그렇다면 청자보다 사회적 위치가 낮은 화자가 어떠한 정보를 원칙법의 서법으로 전달할 수 있을까? 우리의 의문은 여기서 시작된다. 다음의 예를 보자.

      (7) ㄱ. 학생은 공부를 해야 <u>하느니라</u>.
         ㄴ. 학생은 공부를 해야 <u>합니다</u>.
         ㄷ. 학생은 공부를 해야 <u>해</u>.

위의 (7)은 '학생은 공부를 해야 한다'라는 당위적 명제를, 종결어미를 달리 하여 표현한 것이다. (7ㄱ)은 원칙법의 어미 '-느니라'로 표현된 것이다. (7ㄴ, ㄷ)은 직설법의 어미로 표현되었지만, 각각의 예는 화계상 구별된다. (7ㄴ)은 청자를 존대하는 '합쇼체'가, (7ㄷ)은 청자를 하대하는 '해라체'가 쓰였다. 잘 알려진 바대로 청자보다 사회적 지위가 낮은 화자라면 청자에게 원칙법어미나 '해라체'를 쓸 수는 없으므로, 이 화자는 (7ㄴ)과 같이 '합쇼체'를 쓰게 될 것이다. 만일 청자보다 사회적 지위가 낮은 화자가 좀더 공손하게 정보를 전달하려고 한다면, 이 화자는 '학생은 공부를 해야 할 것으로 생각됩니다/들었습니다.'와 같은 간접적 표현을 사용하게 될 것이다. 화자와 청자의 소통에 있어서 직접적 표현보다는 간접적 표현을 사용하는 것이 청자에 대한 화자의 존대 의향을 표현하는 것이고, 이것은 다시 화자의 공손성(politeness)을 드러내는 것이 되기 때문이다. (7ㄱ)과 같은 원칙법의 어미는 화계상으로 볼 때, 청자보다 화자의 사회적 지위가 더 낮은 상황에 쓰이므로 (7ㄴ)의 '합쇼체'보다는 (7ㄷ)의 '해라체'에 더 가까운 것이라 할 수 있다.[8] 이것은 다시 원칙법의 어미가 화자보다 높은 지위의 청자에 대해서는 사용될 수 없음을 말해 주는 것이다. 예를 들어 학생이 화자이고 선생님이 청자인 상황에서 학생이 (7ㄱ)과 같은 발화를 할 수는 없는 것이다.

결국 원칙법이란 그 정의상 청자보다 우월한 지위를 가지는 화자가 사용할 수 있는 서법이며, 이러한 사실은 위의 (7)을 통해 드러난다. 그렇다면 다시 본고의 관심사인 '-ㅂ넨다'와 '-ㅂ덴다'의 문제로 돌아가 보자.

(8) ㄱ. 사위는 고만 두고 과긱이라도 그러케는 괄셰 못 <u>흡닌다</u> 가라면
     <u>가지오</u> (화중화 21)
   ㄴ. 허허 그러홀 <u>일이오</u> 그 폐단은 녀편네만 그런 것이 안이라 사내
     도 <u>그러흡닌다</u> (구의산 상19)
   ㄷ. 오다 가다 <u>맛낫소그려</u> 지금 령감을 보러 가는 <u>길입넨다</u>
     (목단화 122)
   ㄹ. ㅈ근돌이는 니 <u>의셩스촌간이지오</u> ㅈ근돌이가 일샹 로형 말슴을
     <u>흡넨다</u> (목단화 150)

위의 (8)은 신소설에 나타난 '-ㅂ넨다'류와 '-ㅂ덴다'류의 예인데, 이 어미들은 '하오체'의 어미와 함께 쓰이고 있다. '-ㅂ넨다'류와 '-ㅂ덴다'

---

8) 원칙법의 어미가 '해라체'에 가깝다고 한 것은 화계에 따른 종결어미의 분류에서 '합쇼체'와 '해라체'를 양 극단에 놓고 보았을 때 '해라체'에 더 가깝다는 뜻이지 원칙법의 어미가 '해라체'라고 하는 것은 아니다. 원칙법의 어미는 사실상 '하오체'에 해당하는데, 이것은 본문의 예문 (8)을 통해서 드러난다.

류의 어미가 화계상 '하오체'와 같은 등급의 어미라는 사실은 이들 어미가 원칙법이 아니라 직설법임을 보여준다. 앞서도 언급한 바 있듯이 원칙법은 화자가 우월적 위치에서 청자에게 정보를 전달하는 형식이므로, '-ㅂ넨다'류와 '-ㅂ덴다'류가 청자에 대한 공손성을 포함하는 '하오체'와 같은 등급에 있다면 이들 어미는 원칙법일 수가 없다. '하오체'는 화자가 청자와 동등하거나 혹은 화자의 지위가 높다고 하더라도 청자의 지위에 비해서 그리 높지 않을 때 사용된다는 점을 고려한다면, 화자의 우월적 지위를 전제로 하는 원칙법은 '하오체'가 쓰여야 할 담화 맥락에서는 어울리지 않는 것이다.

'-ㅂ넨다'류와 '-ㅂ덴다'류의 어미가 사용되는 담화 맥락은 앞의 3장에서 예로 든 진도지역어를 통해서도 알 수 있다. 본고가 참고한 진도지역어는 채정례라는 분의 구술을 채록한 책에 있는 것이었는데, 그 형식은 구술자가 채록자를 상대로 자신의 이야기를 구술해 나간다는 점에서 일반적인 대화의 형식과 같다. 따라서 구술자의 말에서 사용된 화계를 보면, 진도지역어에 남아 있는 '-ㅂ넨다'류와 '-ㅂ덴다'류의 어미, 즉 '-ㅂ닌자'와 '-ㅂ딘자'의 화계상의 등급을 확인할 수 있다. 구술자는 채록자에게 '-ㅂ닌자'와 '-ㅂ딘자' 뿐만 아니라 일반적인 '하오체'의 어미도 쓰고 있으며, '-습니다'도 사용한다. 이 구술 상황에서 전혀 나타나지 않는 화계상의 등급은 '해라체'이다. 다시 말하면 구술자는 채록자를 하대하지 않았으며, 사회적 지위의 측면에서 채록자를 자신과 동등하거나 혹은 약간은 더 우월한 사람으로 대하였다.

결국 신소설과 진도지역어에서 확인되는 담화 맥락에서 '-ㅂ넨다'류와 '-ㅂ덴다'류는 화자의 지위가 청자의 지위보다 우월하지 않은 상황에서 쓰였다는 점을 확인할 수 있다. 이것은 다시 이들 어미가 원칙법의 일반적 상황, 즉 화자의 지위가 청자의 지위에 비해서 우월한 상황에서는 쓰이지 않는다는 것을 보여 주는 것이다.

3. 결론

본고는 19세기 말부터 20세기 초까지의 문헌에서 발견되는 '-ㅂ녠다'류와 '-ㅂ뎬다'류의 어미가 서법상 직설법에 속하는 어미임을 밝혔다. 그 근거로는 두 가지가 제시되었다. 첫째, 이 어미들은 의문문에서 쓰일 수 있다. 본고는 그 예로서 이 어미들과 동일한 것으로 생각되는 진도지역어의 '-ㅂ닌자', '-ㅂ딘자', 그리고 강릉지역어의 '-ㅂ닌다', '-ㅂ닝꺄'를 들었는데, 이들 지역어에서 이 어미들은 의문문에서 쓰일 수 있었다. 이들 어미가 의문문에서 쓰일 수 있다는 사실은 이 어미들이 원칙법일 수 없다는 것을 보이는 것이다. 둘째, 이 어미들이 쓰이는 담화 맥락을 분석해 보면 화자가 청자보다 우월한 지위에 있지 않다. 다시 말하면 원칙법이 일반적으로 쓰일 수 있는 담화 맥락은 화자가 청자에 비해서 우월한 상황인 데 반하여 이들 어미가 쓰이는 담화 맥락은 화자가 청자와 동등하거나 혹은 그보다 약간 높은 상황이었다.

본고의 논의는 사실상 '-ㅂ녠다'류와 '-ㅂ뎬다'류가 원칙법이라고 한 고영근(1989)에 대한 반론의 성격을 지닌다. 그리하여 2장에서는 원칙법 설정의 정당성에 대한 문제 제기를 하기도 하였다. 그러나 본고는 원칙법이라는 범주 설정 자체를 전면적으로 부정하는 입장에 서 있는 것은 아니다. 본론에서 밝혔듯이 원칙법을 직설법과 구분되는 서법 범주로 설정해야 하는가 하는 문제는 연구자가 서법에 대해서 취하는 입장의 차이에서 기인할 수 있는 것이다. 이러한 측면에서 본다면, 본고는 원칙법이라는 범주 자체에 대한 부정이라기보다 원칙법이라는 범주가 좀더 정밀해져야 함을 지적한 것이라 할 수 있다.

그러나 본고의 4장에서 지적한 바대로 원칙법이 쓰일 수 있는 담화 맥락 조건에 대한 분석이 정밀해지고, 그에 따라 원칙법이 좀더 정밀한 서법 범주로서 확립된다고 해도 '-ㅂ녠다'류와 '-ㅂ뎬다'류의 어미는 원칙법에 속할 수는 없다는 것이 본고의 입장이다.

참고 문헌

고영근(1981), 『중세국어의 시상과 서법』, 탑출판사.

───(1989), 『국어형태론연구』, 서울대학교 출판부.

김성택(1986), "강릉지방의 방언연구", 방언학연구논문집 강원도편 4-1. 홍문각.

안병희·이광호(1990), 『중세국어문법론』, 학연사.

이기문(1972), 『국어음운사연구』, 탑출판사.

이지영(1999), "선어말어미 '-더-'의 통시적 연구", 국어연구 159호, 국어연구회.

이현희(1982), "국어의 의문법에 대한 통시적 연구", 국어연구 52호, 국어연구회.

전광현(1967), "17세기 국어의 연구," 국어연구 19호, 국어연구회.

채정례(1992), "에이 짠한 사람! 내가 나보고 그라요, 뿌리깊은나무 민중자서전 20 진도 단골 채정례의 한평생," 뿌리깊은나무.

최명옥(1980), 『경북 동해안방언 연구』, 영남대학교 출판부.

───(1989/1998), "국어 움라우트의 연구사적 고찰", 주시경학보 3, 탑출판사.

허 웅(1982), "19세기 국어 때매김법 연구", 한글 177, 한글학회.

홍윤표(1985), "구개음화에 대한 역사적 연구", 진단학보 69, 진단학회.

Gale, J.S.(1894), 『ᄉ과지남 *Korean Grammatical Forms*』. [역대한국문법대계 2-14에 실림]

───(1916), *Korean Grammatical Forms*. [역대한국문법대계 2-15에 실림]

부사절과 접속문 체계 다시 보기

박 소 영

1. 서론

이 글의 목적은 한국어 복합문 구성 체계에 대한 기존의 연구를 검토하고, 이에 새로운 복합문 구성 체계를 제시하는 데에 있다. 특히 부사절과 관련한 접속문 체계에 대하여 집중적으로 고찰해 본다.

종래 복합문 구성 체계에 관하여는 최현배(1971)을 비롯하여 수많은 논의가 있어 왔다. 특히 부사절과 관련한 접속문 체계에 관하여는 부사절과 종속접속문을 모두 인정할 것인지(최현배 1971, 허웅 1983, 1999), 종속접속문만을 인정할 것인지(남기심·고영근 1985, 권재일 1985), 아니면 부사절만을 인정할 것인지(남기심 1985, 유현경 1986)에 관하여는 혼란에 혼란을 거듭해 왔다. 또한 체계상으로는 종속접속문을 인정하더라도, 그것의 문법적 성격에 대하여는 여러 이견이 있어왔는데, 여전히 단순한 접속으로 보거나, 아니면 그것의 부사절적 지위를 인정하기도(이익섭·임홍빈 1983, 서정수 1994) 하였다. 이 글에서는 부사절과 종속접속문을 모두 인정하고 그 근거를 제시하되, 소위 '접속법'에 대한 새로운 관점으로 위 두 문제를 접근하고자 한다.

먼저 2장에서는 최현배(1971)의 '우리말본'을 검토하여 문제 풀이의 실마리를 찾고, 다음으로 3장에서는 접속문 축소 변형에 입각한 연구 방법과 모든 종속접속문을 부사절로 처리하려는 견해에 대하여, '-게'를 부사형어미로 인정하지 않으려는 견해에 대하여 차례 차례로 비판을 가한다. 다음 4장에서는 이상의 논의를 기반으로 한국어 복합문 구성의 체계를 새롭게 제시하고 설명한다.

2. 최현배의 '우리말본' 다시 보기

최현배(1971)의 '우리말본'에서는 동사의 활용으로 마침법(종지법), 감목법(자격법), 이음법(접속법)의 세 가지 법을 들었다. 이중 자격법에는 어찌꼴(부사형), 매김꼴(관형사형), 이름꼴(명사형)을 두었고, 특히 어찌꼴로 '-아', '-게', '-지', '-고'를 두었다. 어찌꼴은 '움직씨가 다른 말 곧 임자말의 풀이말 노릇을 하면서 일변에는 그 다음에 오는 말에 대하여 어찌씨의 노릇을 하는 꼴'을 이른다고 하였다. 세 가지 법 중 접속법이란 '움직씨가 월의 풀이말이 되어서 그 월을 끝맺지 아니하고, 다시 다른 월이나 풀이씨에 잇는 법'을 이른다고 하였다.

한편 '월(sentence)'을 계층적으로 파악하여, 월의 구성성분으로 '낱말(word)', '이은말(phrase)', '마디(clause)'를 두었다. '이은말'은 여러 낱말로 구성되되 아직 주어를 갖추지 못한, 마디보다 아래 층위의 성분을 이르는 말이다. 이에는 임자이은말(체언연어), 풀이이은말(용언연어), 매김이은말(관형연어), 어찌이은말(부사연어)의 네 가지를 두었다. 이 중 어찌이은말이란 어찌씨같이 쓰이는 이은말로서 다음과 같은 예를 들었다.

(1) a. 나는 <u>금강산에 가 보고서</u> 천하의 기를 알았다.
　　b. 그는 <u>제 생각을 고집하여</u> 굴하지 아니한다.

다음으로 '마디'란 주어를 갖추어 월이 될만한 짜임을 가진 말이, 따로 서지 않고 월의 한조각이 됨에 그치는 것이라고 하였다. 이에는 임자마디(체언절), 풀이마디(용언절), 매김마디(관형절), 어찌마디(부사절), 맞섬마디(대립절)의 다섯 가지를 두었다. 이 중 맞섬마디는 벌린월과 이은월의 겹월을 포괄하는 말이다. 한편 어찌마디에 대해서는 '-게'와 '-이'의 어찌꼴로 이루어지는 다음과 같은 예를 들었다[9].

(2) a. 그 사람이, <u>아무도 못 말리게</u> 야단법석을 하오.
　　b. 나뭇잎이, <u>소리도 없이</u>, 하나 둘씩 떨어진다.

최현배(1971)에서는 부사어가 성립되기 위한 것으로 부사형어미, 수사, 불완전명사, 용언의 접속법, 부사절 등을 들고 있다. 특이한 것은 용언의 접속법을 부사어로 성립할 수 있다고 하여, 통사론과 형태론 상의 모순을 일으키고 있다. 이는 문장 (1)의 소위 어찌이은말을 기능상으로는 어찌씨 같다고 하였으나, 역시 접속법의 테두리 안으로 포함시키고 있는 것이다. 즉 '-어서'나 '-어'를 부사형어미가 아니라 접속법 어미로 보고 있는 것이다. 따라서 최현배(1971)에 있어서 '접속법'이란 단순히 접속문을 형성시켜주는 것에만 국한된 것이 아니라, 낱말과 낱말, 이은말과 이은말, 마디와 마디의 문장성분을 이어주는 중립적이고 넓은 의미의 이음이 아닌가 한다.

한편 문장의 종류를 홑월(단문)과 겹월(복문)으로 나누었다. 홑월은 임자말과 풀이말과의 관계가 단 한 번만 성립하는 것으로서, 임자말이 비록 여럿이라도 풀이말이 하나이면, 그리고 풀이말이 여럿이라도 임자말

---

9)　최현배(1971:502~503)에서는 '-이'에 대해서, 특별한 형용사 '있이', '없이', '같이' 등에 대해서만 어찌꼴을 인정하고, 이외의 형용사와 결합한 '-이'형에 대해서는 어찌꼴의 한계를 벗어나서 그저 단순한 어찌씨로 보아야 한다고 하였다.

이 하나이면 모두 홑월로 다룬다. 겹월은 임자말과 풀이말과의 관계가 두 번 이상 이루어지는, 여러 마디를 가진 월로서, 가진월, 벌린월, 이은월의 세 가지로 나누어진다. 가진월이란 내포문을 이르는 것이고, 벌린월은 대등접속문을, 이은월은 종속접속문을 이르는 것이다. 벌린월과 이은월은 대등성의 정도에 따른 것으로 대등성이 강하면 벌린월이고, 대등성이 약하면 이은월이라고 하였다. 그리고 분명하지 못한 점이 있으나, 형식적으로 보면 이은월은 벌린월에 가깝지만 내용적으로 보면 가진월에 가깝다고 하였다.

이러한 최현배 논의의 특징은 첫째, 접속문 축소와 같은 변형의 개념을 도입하지 않았다는 점이다. 예를 들어 소위 동일주어 생략과 같은 변형 절차가 존재하지 않는데, 만약 주어가 표면에 나타나지 않으면 원래부터 없는 것이다. 둘째로 부사절과 종속접속문, 모두 인정했다는 점이다. 순수한 부사형 어미로는 '-게'만 인정한 것으로 보인다. 이외는 접속법 어미로 치되, 접속법이란 각 문장 계층의 성분을 이어주는 넓은 의미의 것으로서, 이은말 계층의 이음에 대해서는 부사어 기능을 인정했다. 마디 계층의 이음은 기능적으로 부사어적 성향을 조심스럽게 인정했으나, 형식적으로는 겹월의 테두리 안에 넣었다. 곧 의미적으로 종속성을 가지는 이음의 경우, 이은말 계층에 대해서는 부사어로 인정하고, 마디 계층에 대해서는 부사어적 성향을 인정하는 정도의 차이를 보이고 있는 것이다.

3. 기존의 논의 다시 보기

다음 3장에서는 기존의 논의를 검토하고자 한다. 특히 접속문 축소 변형에 입각한 연구 방법과 모든 종속접속문을 부사절로 처리하려는 견해에 대하여, '-게'를 부사형어미로 인정하지 않으려는 견해에 대하여 차례 차례로 비판을 가한다.

3.1. 접속문 축소 변형에 대하여

'접속문 축소'란 선행절과 후행절을 이루는 성분 가운데 공통되는 성분이 있을 때 공통되는 성분 중 어느 한 성분만이 남고 다른 성분이 생략되는 현상을 말한다. 기존 한국어 접속문에 대한 연구는 변형생성문법이 도입된 이래, 대부분 이러한 접속문 축소 변형의 관점에서 이루어져 왔다(허웅 1983, 1999, 권재일 1985, 정정덕 1986, 윤평현 1989, 최재희 1991 등). 그리하여 '접속'이란 문장과 문장이 일정한 관계를 가지고 연결되는 것으로서 선행절이 후행절 전체와 관련되는 것이라고 하였다. 곧 모든 접속문의 선행절과 후행절을 층위를 구별하지 않고 취급해 왔던 것이다. 이러한 가정 하에 특정 접속문의 통사적 특성을 동일 주어 제약이라든지 시제어미나 서법 실현 제약을 두어 설명하려 하였다.

그러나 이러한 접속문 축소의 관점은 여러 가지 문제를 내포하고 있다. 먼저 기본적으로 모든 접속문을 문장과 문장의 결합으로 보아 층위를 구별하지 않는다면, 다음과 같은 접속문 간의 계층 관계를 설명할 수 없다[10].

> (3) a. [[화를 내면서] 일을 하면] 능률이 오르지 않는다.
>   b. [일을 하면] [밥맛이 나면서] 의욕이 생긴다.

---

10) 복합문에서 각각의 접속문 간에는 일련의 계층 구조가 존재하고 있다. 野間秀樹 (1996:157)에서는 접속문 사이에서는 명백한 계층 구조가 존재하여 이들 간의 포섭 관계를 서로 바꿀 수 없다고 하였다. 그리하여 양태절, 조건절, 이유절, 양보절, 반의절의 순서로, 그 의미와 포함 요소에 따라 접속문의 크기를 비교하였다. 또한 五十嵐孔一(1996)에서도 '-어서' 절과 '-니까' 절을 중심으로 포함 구조를 고찰하여, 각 접속문의 계층 관계를 조사하였다.

위의 예에서와 같이 '-면서' 절은 '-면' 절에 포함될 수 있으나, 그 역은 성립하지 않는다. 그러나 접속문 축소 변형 관점에 의한다면 위 '-면서' 절이나 '-면' 절이나 모두 동일 주어에 의해서 주어가 생략된 것으로서 기저에서는 주어를 가지고 있다. 이 두 절은 모두 문장의 자격을 가지는 것으로서, 하나의 접속문이 다른 접속문에 계층적으로 포함된다는 것은 그 가정에 있어서부터 배제된다.

한편 다음 문장의 경우에 후행절과의 시제 일치에 의해 선행절의 시제 형태소가 생략되었다는 접속문 축소 변형의 입장을 취하면 다음 차이를 설명하지 못한다.

(4) a. 영희가 <u>소리를 내고</u> 웃었다.
    b. 영희가 <u>소리를 냈고</u> 웃었다.
    c. 영희가 소리를 냈다.
    d. 영희가 웃었다.

문장 (4a)나 (4b)나 모두 c와 d의 문장을 기반으로 해서 이루어진 문장이다. 접속문 축소의 관점에 의한다면 (4a)는 후행절과의 시제 일치에 의해 과거시제 '-었-'이 생략된 것이고, (4b)는 아직 그런 과정을 거치지 않은 것이다. 접속문 축소 변형에 의한다면 변형을 거친 것이나 아직 거치지 않은 것이나 그 의미가 동일해야 하나, 실제로 문장 (4a)와 (4b)의 의미는 현저히 다르다. 따라서 문장 (4a)의 선행절에는 과거시제 '-었-'이 원래부터 존재하지 않는다는 설명을 취하지 않으면 안 된다.

마지막으로 접속문 축소의 입장을 취하면, 다음과 같은 문장의 경우 후행절에 나타나는 상적 형식의 제약을 설명하지 못한다.

(5) a. 영희는 [TV를 보면서] 공부를 <u>하고 있다</u>.
    b. ??영희는 [TV를 보면서] 공부를 <u>하기 시작한다</u>.
(6) a. 영희는 [패랭이꽃을 장식으로 꽂고] 철수 곁에서 <u>웃고 있었다</u>.
    b. ??영희는 [패랭이꽃을 장식으로 꽂고] 철수 곁에서 <u>웃기 시작했다</u>.

‘동시’의 의미를 나타내는 ‘-면서’와 ‘양태(manner)’의 의미를 나타내는 ‘-고’가 이끄는 접속문은 후행절에 나타나는 상적 형식을 제약한다[11]. ‘진행’의 ‘-고 있다’가 실현된 문장 (5a)와 (6a)는 자연스러우나, ‘-기 시작하다’가 실현된 문장 (5b)와 (6b)는 그 허용성이 떨어진다. 이러한 차이는 접속문을 단순한 두 문장의 접속으로 보고 동일 성분의 생략으로 설명하려는 변형의 관점으로는 설명하지 못한다.

이상으로 변형의 관점에 의하여 접속문을 설명하려는 기존의 논의에 대하여 여러 가지 문제점을 제기하였다. 요컨대 변형의 관점에 의하여 접속문을 설명하려는 시도는 적절하지 못하다. 접속문의 기저구조를 문장과 문장의 접속으로 보고, 동일 성분의 삭제와 생략에 의해 표면구조가 도출되었다는 설명은 접속문의 여러 가지 양상을 포착하기에는 타당하지 못한 점이 있는 것이다. 따라서 최현배(1971)의 관점과 같이, 변형을 인정하지 않고 ‘접속법’을 낱말과 낱말, 이은말과 이은말, 마디와 마디의 문장성분을 이어주는 중립적이고 넓은 의미의 이음으로 확대해야 한다고 생각한다. 접속에 있어서 계층적인 문장성분의 도입을 인정하는 것이다.

3.2. 종속접속문을 인정하지 않고 부사절로 보는 견해에 대하여

종속접속문의 문법적인 성격에 관하여 그 동안 많은 논란이 있어 왔는데, 종속접속문을 순수하게 문장을 접속하는 것으로 보는 견해(최현배 1971, 허웅 1983, 권재일 1985 등)와 종속접속문을 인정하지 않고 부사

---

11) 박소영(2000)에서는 양태의 의미를 나타내는 ‘-고’에 대하여 면밀히 분석하였다. 그리하여 격 성분과 용언의 실질적 의미의 결합이 후행절의 태와 양상 층에 긴밀한 관련을 가지고 연결된 후, 그 결합의 총체가 주절의 긍정/부정, 시제, 서법에 의해 해석되어 문장이 완성되는 과정을 분석하였다.

절을 이끄는 것으로 보는 견해(남기심 1985, 유현경 1986)가 있다. 특히 후자의 남기심(1985)와 유현경(1986)에서는 대용화와 주제어 제약 현상 등의 증거를 들어 대등접속문과 종속접속문의 차이를 밝히고, 종속접속 문이 결국 부사적 내포문임을 증명하였다.

그러나 권재일(1990)에서 지적된 바와 같이, 남기심(1985), 유현경(1986)에서는 부사형을 설정하면 자격법 어미 체계에 균형을 가지게 된다고 하고 있지만, 종속접속문을 모두 포함하여 부사절을 설정하면 접속문 구성은 대등접속문 구성만 남게 되어 접속문 구성의 체계에서는 빈자리가 생기게 된다. 또한 많은 연결어미들이 결합되는 성분에 따라 의미적으로 대등과 종속의 두 가지를 모두 나타낼 수 있다. 종속접속문이 부사절을 이끈다는 것을 인정하면, 이 경우 하나의 형태에 의미에 따라 한번은 접속문의 구조를, 또 한번은 부사절의 구조를 설정해 주지 않으면 안 된다. 이는 합리적이지 못하다. 그 예로 대등접속의 대표적인 예로 꼽히는 연결어미 '-고'의 경우를 살펴보도록 하자.

(9) a. 하늘은 높고 파랗다.
    b. 영희는 학원에 다니고 시험에 합격했다.

위에서 문장 (9a)의 '-고'는 병렬의 의미를, 문장 (9b)에서는 선행[12], 혹은 원인의 의미를 나타낸다. 따라서 동일한 '-고'에 전자는 접속문의 구조를, 후자는 부사절의 구조를 설정해 주지 않으면 안 된다.

이에 대해 '-고'는 그 자체의 고유 의미는 없고 다만 앞뒤의 성분을 이어주는 형식적 접속 구실만을 할 뿐이며, '-고'의 모든 의미는 결합되는 성분에 의한 화용론적 관용화의 산물이므로 '-고'는 여전히 대등접속

---

12) 문장 (9b)에서 '-고' 뒤에 '서'를 결합시키면 그 의미가 더욱 명확해진다. 고영근 (1989:419)에서는 '-고서'는 '-고'로도 나타나는 점을 고려하면 이 때의 '서'를 조사의 한 가지로 볼 수 있다고 하였다. 그러나 '-고'가 '-고서'의 의미로 쓰일 때는 '-고서'로의 회복이 가능하므로, '-고서'의 줄어진 형식 곧 이의 수의적 변이체로 볼 수 있다고 하였다.

요소이라고 주장할 수 있다(서정수 1994). 그러나 '-고'가 형식적으로 접속 구실만을 하는 것도 아니고, '-고'의 모든 의미를 화용론적인 것으로만 미뤄버릴 수도 없다. 다음을 보자.

> (10) a. 그가 떠나 버렸다. 내가 너무 심하게 굴었다(굴었던 것이다).
>   b. ⇸??그가 떠나 버렸고, 내가 너무 심하게 굴었다.
>   c. 사람은 육체적·정신적 욕구 충족만으로는 만족할 수 없다. 사람은 영적인 존재이다(존재인 것이다).
>   d. ⇸??사람은 육체적·정신적 욕구 충족만으로는 만족할 수 없고, 사람은 영적인 존재이다.
> (11) 영희는 학원에 다니고 시험에 합격했어. 그러나 그 순서대로는 아니야.
> (12) A : 영희가 학원에 다니고 시험에 합격했니?
>   B : 아니. 영희는 학원에 다니고 시험에 합격한 것이 아니라, 시험에 합격하고 학원에 다녔어.

위 문장 (10a)와 (10c)는 두 문장이 병렬된 것이다. 뒤 문장에 '-은 것이다' 형식이 실현되면 두 문장 사이의 의미적 관련성을 쉽게 보장받을 수 있다[13]. (10a)에서는 뒤 문장이 앞 문장에 대해 원인 설명의 의미를 가진다. (10c)에서는 뒤 문장이 앞 문장에 대해 결론의 의미를 가진다. 그런데 이 두 문장을 '-고'로 접속한 (10b)와 (10d)는 각각 (10a)와 (10c)와 같은 의미를 가지고 있지 않으며, 문장 자체도 부자연스럽다. 만약 '-고'가 형식적으로 접속의 기능만을 한다면, 두 문장이 병렬되었을 때 가능한 모든 의미가 '-고'의 접속에 의해서도 가능해야 한다. 그러나 위와 같이 불가능한 경우도 있다는 것은 '-고'가 단순히 형식적인 접속의 기능만을 하는 것이 아니라는 것을 보여준다.

또한 문장 (11)에서 볼 수 있는 것처럼, '-고'에 의한 선행의 의미는

---

13) 박소영(2001a)에서는 '-은 것이다'를 텍스트의 응결성 장치로 파악하였다. 그리고 '-은 것이다'의 새 정보를 초점화하는 기능은 수용자의 관심을 더욱 자극시켜, 텍스트를 보다 응집적인 덩어리로 구성하는 인지 과정을 촉진시킨다고 하였다.

뒤 문장 '그러나 그 순서대로는 아니야'에 의해 취소 가능하다는 점에서, '-고'의 의미를 함축에 의한 것으로 설명할 수 있다. 그러나 (12)의 B에서. 볼 수 있는 것처럼, '-고'의 선행의 의미는 진리조건적 의미에 기여한다. 따라서 '-고'의 모든 의미를 진리조건적 의미에는 기여하지 않는 화용론적인 것으로만 미뤄 버릴 수도 없다.

요컨대 동일한 연결어미 형태가 대등과 종속의 두 의미를 동시에 나타낼 때, 그 의미를 화용론적인 것으로만 미룰 수는 없다. 따라서 종속접속문이 부사절의 구조를 가진다는 견해에서는 각각 구조를 다르게 설정해주어야 하는데 이는 부적절한 것이다. 따라서 대등과 종속접속문의 양자 구성은 인정되어야 하며, 이 두 구조는 매우 연관적이지 않으면 안된다.

한편 종속접속문이 부사적 내포문임을 증명하기 위해서, 남기심(1985)와 유현경(1986)에서 내세운 대용화와 주제어 제약 현상 등의 증거는 그렇게 결정적인 것은 될 수 없다. 먼저 대용화의 증거를 살펴보기로 하자 (유현경 1986:7~8).

> (13) a. 온달ᵢ은 온달ᵢ(그ᵢ/ⱼ/자기ᵢ)의 아내가 공주이므로 부마가 된다.
>   a′ [온달ᵢ(그ᵢ/ⱼ/자기ᵢ)의 아내가 공주이므로] 온달은 부마가 된다.
>   b. [혜연이ᵢ는 학교 선생님이고] 혜연이ᵢ(그녀ᵢ/ⱼ / *자기ᵢ)의 남편은 대학원에 다닌다.
>   b′ [혜연이ᵢ(*그녀ᵢ/ⱼ / *자기ᵢ)는 학교 선생님이고] 혜연이ᵢ의 남편은 대학원에 다닌다.

위 문장 (13a), (13a′)와 같은 종속접속문에서는 대명사화, 재귀화가 모두 가능하되 순행 대용과 역행 대용이 모두 일어난다고 하였는데, 이는 내포문에서의 대용화 특징과 같다는 것이다. 한편 문장 (13b), (13b′)와 같은 대등접속문에서는 대명사화는 가능하지만 재귀화가 가능하지 않으며, 순행 대용만이 일어나고 역행 대용은 일어나지 않는다는 것이다.

그러나 다음과 같은 예를 살펴보도록 하자.

(14) a. 철수ᵢ가 마음씨가 착하니까 철수ᵢ(그ᵢ/ⱼ/*자기ᵢ)의 자식이 마음씨가
　　　착하다.
　　a′ 철수ᵢ(*그ᵢ/ⱼ/*자기ᵢ)가 마음씨가 착하니까 철수의 자식이 마음씨가
　　　착하다.
　　b. 철수ᵢ는 철수ᵢ(그ᵢ/ⱼ/자기ᵢ)의 가족을 사랑하고 다른 사람을 사랑한다.
　　b′ 철수ᵢ(그ᵢ/ⱼ/자기ᵢ)의 가족을 사랑하고 철수ᵢ는 다른 사람을 사랑한다.

위 문장 (14a), (14a′)는 종속접속문임에도 불구하고 대명사화는 가능하지만 재귀화가 가능하지 않으며, 순행 대용만이 일어나고 역행 대용은 일어나지 않는다. 또한 문장 (14b)와 (14b′)는 대등접속문임에도 불구하고 대명사화, 재귀화가 모두 가능하고 순행과 역행 대용이 모두 일어난다. 즉 유현경(1986)의 설명에 어긋나는 현상이 일어나는 것이다. 따라서 대용화의 증거가 종속접속문이 부사적 내포문이라는 주장에 결정적인 것이 될 수 없다.

다음으로는 주제화의 경우이다. 각각의 예문은 다음과 같다(유현경 1986:11).

(15) a. 사촌이(* 은) 땅을 사면 배가 아프다.
　　b. 비는(가) 오지만 바람은(이) 불지 않는다.

위 문장 (15a)와 같은 종속접속문에서는 주제를 나타내는 조사가 연결될 수 없는데, 이는 내포문에서의 주제화 특징과 같다는 것이다. 반면 문장 (15b)와 같은 대등접속문에서는 주제어가 나타날 수 있다는 것이다.

그러나 (15b)에 실현된 조사 '는'은 주제를 나타내는 것이 아니라, '대조'를 나타내는 것이다. 이는 전형적인 주제와는 다른 통사적·의미적 양상을 보인다. 또한 종속접속문에 주제를 나타내는 조사가 실현될 수 없는 것도 아니다. 다음을 보자.

(16) 그 애는(가) 내 동생인데, 나이가 열 두 살이다.

위 문장 (16)은 종속접속문으로 분류된다. 그러나 접속문 안에 주제어가 실현되었다. 따라서 주제화의 증거가 종속접속문이 부사적 내포문이라는 주장에 결정적인 것이 될 수 없다.

요컨대, 모든 종속접속문이 부사절이라는 견해는 접속문 체계상의 불균형을 초래할 뿐만 아니라, 일반적으로 동일한 연결어미 형태가 여러 의미를 나타내는 것에 대하여 그 구조 설정에 문제점을 일으킨다. 또한 종속접속문이 부사절이라는 주장에 제시된 증거는 그렇게 결정적인 것이 될 수 없다. 따라서 종속접속문은 내포문이 아니라 접속문의 지위로 남아 있어야 한다.

3.3. '-게'를 부사형어미로 인정하지 않는 견해에 대하여

최현배의 우리말본에서는 감목법의 어찌꼴로 '-아', '-게', '-지', '-고'를 두었다고 하였다. 그런데 이들의 문법적 지위에 대해서는 그 동안 논란이 많았다. 그 논의를 정리하면 다음과 같다(권재일 1990:507 인용).

> (17) a. 모두 접속어미로 처리하는 방법 : 허웅(1979). 그 이후 허웅(1983)
>   에서는 '-도록', '-게', '-듯(이)' 등은 부사형어미로 다루었다.
>   b. 의존동사 앞에 통합되는 경우는 동사구 내포문 어미로, 그렇지 않
>   은 경우는 접속문어미로 처리하는 방법 : 권재일(1985)
>   c. 원칙적으로 접속문 어미로 처리하되, '-아', '-게', '-지', '-고' 등은
>   보조적 연결어미로 처리하는 방법 : 남기심·고영근(1985)

다음에서는 이 중 특히 '-게'의 부사형어미로서의 문법적 지위를 수립해 보고자 한다. 먼저 형용사에 '-게'가 결합된 다음 문장을 보도록 하자.

> (18) a. 현이는 깡통을 <u>납작하게</u> 눌렀다.
>   b. 철사가 <u>둥글게</u> 휘었다.

위 경우의 '-게'를 연결어미로 보는 것은 직관적으로도 옳지 않다. '깨끗하게'나 '둥글게'는 각각의 서술어를 수식하는 역할만을 하는 것이다. 박소영(2001b)에서는 위와 같이 사건의 결과 상태를 수식하는 것을 결과 부사형이라 하고, 여러 통사적 양상을 통하여 이 '-게'를 VP안의 논항성 부사형으로 볼 것을 제안하였다. 그 중 두 가지를 인용하면 다음과 같다. 먼저 동사는 결과 상태를 나타내는 '-게' 부사형을 선택 제약한다. 다음 문장을 보자.

    (19) a. 현이는 깡통을 {납작하게, 평평하게} 눌렀다.
        b. 현이은 깡통을 {*파랗게, *노랗게} 눌렀다.

이러한 사실은 결과 부사형 '-게'가 VP 안에 있어야 하며, 동사의 논항이 됨을 보여주는 것이라고 할 수 있다. 그런데 만약 [깡통을 납작하게]의 구성으로 보면, 이러한 관계를 설명할 수 없게 된다는 약점이 있다[14].

다음의 예는 대동사 '그러하다'의 대용에 의한, 결과 부사형 '-게'의 VP 구성성 시험이다.

    (20) a. 은수는 테이블에 책을 놓았고, 현이도 그랬다.
        a′ *은수는 테이블에 책을 놓았고, 현이는 **책상에** 그랬다.
        b. 은수는 깡통을 납작하게 눌렀고, 현이도 그랬다.
        b′ *은수는 깡통을 납작하게 눌렀고, 현이는 **평평하게** 그랬다.

위의 문장 (20b′)의 비문법성으로 보건대, 결과 부사형 '-게'가 VP 안에 있어야 함을 알 수 있다. 따라서 문장 (18)의 '-게'를 연결어미로 볼

---

14) '-게'가 PRO를 논항으로 가지는 내부절을 포함한다고 하는 견해도 이와 동일한 결과를 낳는다. 즉 문장 (18a)의 구조를 이 견해로 나타내 보면 다음과 같다 :
    현이는 깡통을 [PRO 납작하게] 눌렀다.
위와 같은 견해는 '누르다' 동사의 기본적인 논항 구조는 유지하지만, '누르다'에 의한 '납작하게'의 선택 제약 관계를 예측해 줄 수 없다는 난점이 있다.

수 없고, VP 안의 논항성 부사형으로 보지 않으면 안 된다.

다음으로 '-게'가 필수 논항처럼 쓰인 경우를 살펴보기로 하자.

    (21) a. 그 아이가 {재주가 있게, *ø} 생겼다.

         b. 그 아이가 우리에게 {못살게, *ø} 군다.

위 문장에서 '재주가 있게'나 '못살게'가 생략되면 비문법적이 되어 버리므로, 이들은 필수 논항처럼 쓰이고 있다15). 따라서 위의 '-게'는 부사형 어미로 처리하는 것이 적합하다. 부사는 일반적으로 동사를 논항으로 취하여 그것의 영역을 한정해주는 함수로 이해할 수 있다(Thomason & Stalnaker 1973 참조). 위 문장에서 '재주가 있게'나 '못살게'는 의미적으로 각각 '생기다', '굴다'를 논항으로 취하여 그것의 영역을 한정, 화용적으로 의미가 있는 발화가 될 수 있게 하는 것이다. 이러한 점에서도 위의 '-게'를 연결어미로 볼 수는 없는 것이다.

다음으로 '-게'가 절을 이끄는 경우이다.

    (22) a. 그는 <u>땅이 꺼지게</u> 한숨을 내쉬었다.

         b. 아이들은 <u>눈이 빠지게</u> 그것을 지켜봤다.

         c. <u>귀신도 모르게</u> 그들이 그를 잡아갔다.

---

15) 영어에서도 부사가 필수 논항처럼 사용되고 있는 예가 있다. 다음을 보자.

    (1) Joan <u>behaved</u> *(rudely) to Marcia.

    (2) Most of the people <u>treated</u> Jill *(rudely).

이렇게 어떤 동사들은 부사를 엄밀하게 하위 범주화한다. 이에 대하여 McConnell-Ginet(1982)에서는 <X, V>/AD-V 형태의 범주를 세울 것을 제안하였다. 즉 부사와 결합하여 완전한 서술어를 구성하는 것이다. 문장 (1)의 behave와 같은 자동사는 IV/AD-V의 범주에 속하고, 문장 (2)의 treat와 같은 타동사는 TV/AD-V 범주에 속한다. 여기에서 부사 AD-V는 동사의 다른 직접 논항이 결합되기 전에 먼저 결합되며, 이러한 동사들은 그 기본적인 범주는 동사이지만 부사와 결합하여 완전한 VP의 핵이 되어 가는 과정 중에 있는 것이라고 하였다. 한국어 동사에 있어서도 <X, V>/AD-V 형태의 범주를 세울만한 여지가 있다고 생각된다.

위의 절은 '땅이 꺼졌다', '눈이 빠졌다', '귀신도 몰랐다'의 문장이 후행절과의 시제 일치에 의하여 과거시제가 생략되고 '-게'에 의해 연결된 접속문으로 볼 수 없다. '-게'에는 관용표현이 빈번히 결합되고, 위 (22)의 문장은 '-게' 절을 함의하지 않는다. 또한 이들은 각각의 VP 동작을 수식해주는 역할만을 할 뿐이다. 의미적으로 '-게' 절과 주절은 동일한 값어치를 지니지 않는다.

마지막으로 부사절인지 접속문인지 구별하기 어려운 경우이다.

    (23) a. 나는 <u>꽃나무가 잘 자라게</u> 거름을 주었다.
          b. 영희는 <u>무릎이 시리지 않게</u> 속옷을 입었다.

위와 같은 예로 인하여 기존의 논의에서 '-게'를 일률적으로 연결어미로 보아온 것이다. 그러나 이에는 '이음'의 본질적인 기능에 위배되는 특성이 있다. 즉 '-게'에 이끌린 성분은 전체 문장에 대하여 결과의 의미를 가진다. 그런데 '이음'에 의한 문장은 그 해석에 있어서 하나의 처리 (processing) 단위를 이룬다. '이음'이라는 절차는 두 사건 사이에 성립하는 관련성을 하나의 처리 단위로 묶어 놓은 것이다(Wilson & Sperber 1998 참조). 해석에 있어서는 인지적 원리가 적용되는데, 이는 도상성 원리(iconicity principle)나 Grice의 양태의 격률 중 '순서대로 말하라(Be orderly)' 원리 등에 의해 시간적으로 순차적 관계나 인과적 관계로 추론되는 것이 일반적이다. 그러나 '-게'에 이끌린 성분은 이에 역전적인 관계를 이끌어 내는 것이다. 이는 '이음'에 의한 문장 형성과 해석에 매우 유표적인 것이며, 따라서 '이음'으로는 보기 어려운 것이 된다.

이상의 논의를 통하여 '-게'의 부사형어미로서의 문법적 지위를 확립하였다. 즉 최현배의 우리말본에서 어찌꼴로 제기된 것 중에서 '-게'는 여전히 연결어미가 아니라 부사형어미로 인정되어야 한다는 것이다. 여러 의미·통사적인 사실들은 그것을 뒷받침한다.

4. 체계 다시 세우기

3장에서는 접속문과 부사형에 대한 기존의 논의를 살펴보았다. 이를 다시 정리하면 다음과 같다.

<정 리>
1) 접속문 축소 변형의 관점에 의하여 접속문을 설명하려는 시도는 적절하지 못하다. 접속법은 최현배의 견해와 같이, 낱말과 낱말, 이은말과 이은말, 마디와 마디의 문장성분을 이어주는 중립적이고 넓은 의미의 이음으로 확대해야 한다.
2) 종속접속문은 내포문이 아니라 단순한 접속문이다.
3) '-게'는 부사형어미이다.

즉 이 글의 논의는 위 3)을 보완하고는, 최현배의 우리말본을 거의 지지하고 수용하는 것이다. 위의 결론을 토대로 다음 4장에서는 한국어 문장 구성의 체계를 새로이 제안한다.

4.1. 한국어 복합문 구성의 체계

지금까지의 논의를 토대로 한국어 복합문 구성의 체계를 세워보면 다음과 같다.

(24) <한국어 복합문 구성의 체계>
    1) 내포문 — a. 명사절
             b. 관형사절
             c. 부사절
    2) 접속문 — a. 대등접속문
             b. 종속접속문

부사절이 인정되었고, 접속문은 대등접속문과 종속접속문에 의한 양자 구성이 이루어졌다.

먼저 부사형어미에 의한 부사절은 낱말, 이은말, 마디의 문장 계층적 성분과 결합하여 이루어질 수 있다. 낱말은 주로 V로, 이은말은 VP로, 마디는 IP로 나타낼 수 있다. 이를 그림으로 나타내면 다음과 같다.

(25) <부사절>

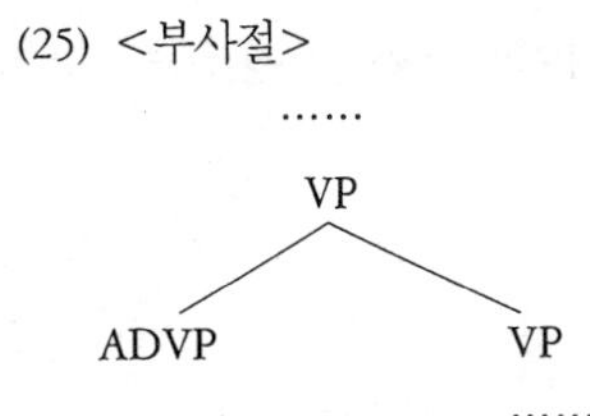

다음으로 접속문은 대등접속문과 종속접속문으로 이루어지는데, 낱말과 낱말(V), 이은말과 이은말(VP), 마디와 마디(IP)의 이음이 인정된다. 대등접속문과 종속접속문의 다른점은 종속접속문이 ADVP로 범주-전환 규칙(category-changing rule)이 적용된다는 것이다. 이를 그림으로 나타내면 다음과 같다.

(26) <대등접속문>

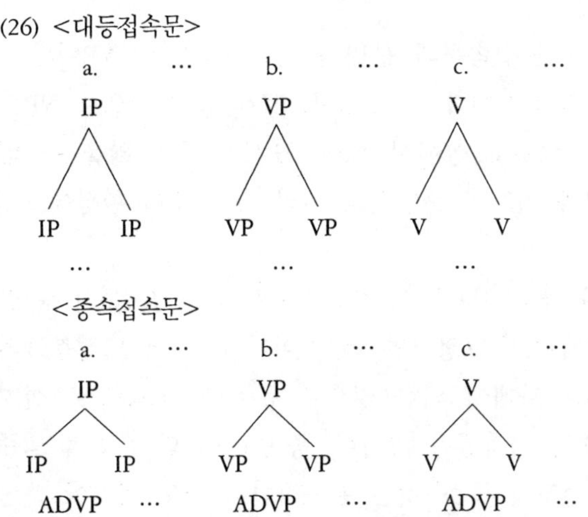

위 그림에서 종속접속문도 대등접속문과 마찬가지로 V, VP, IP의 이음으로 구성되어 있다. 그러나 이들이 ADVP로 범주-전환 규칙을 적용받고 있다. 이러한 범주-전환에 의한 ADVP는 이웃한 이음 성분과의 의미 관계에 의해 결정되는 기능적인 것이다. 즉 이는 종속접속문의 문법적 범주는 각각 V, VP, IP이지만, 기능적으로는 ADVP임을 나타낸다. 또한 종속접속문에서 VP의 이음일 경우는 수식하는 것이 뒤 VP 성분이기 때문에 당연히 부사적 성격이 강해지고, IP의 이음일 경우는 그 성격이 약해지는 것을 예측할 수 있다.

보통 수형도 상에서의 절점(node)은 기능에 의한 것이 아니라, 문법적 범주에 의한 것으로 그 명칭이 결정되는 것이 원칙이다. 그러나 여기에서 이 원칙을 잠시 유보하려는 것은, 이러한 조처가 다른 문법 기술에 생산적으로 이용될 수 있는 경우가 있기 때문이다. 다음 문장을 보자.

> (27) a. [가깝고 멀고]가 문제가 아니다.
> b. [전화를 끊었다가 걸었다가]를 몇 번이고 되풀이했다.
> c. [거리가 낯설어서]가 아니라, 보는 얼굴이 낯설어서 고향을 떠나
> 온 것을 느낀다.
> d. 천호동이 [광나루 지나서]입니까?

위 문장에서 괄호친 접속문의 문법적 범주는 엄연히 VP이다. 그러나 이는 격조사나 지정사 '-이다'가 후행함으로써, 기능상으로 NP를 요구하는 위치에 있다. 수형도 상에서 NP로 표시해 주지 않을 수 없는 것이다. 이러한 형식과 기능의 불일치는 여러 다른 문법 현상에도 존재하고 있다.

또한 범주-전환 규칙 기제를 인정함으로써, 대등접속문과 종속접속문과의 관계를 분리적이고 고정적인 것이 아니라, 이어진 성분들의 의미 관계나 인지적 추론 관계에 의한 것으로 유동적(flexible)으로 설명해 줄 수 있다. 앞 3장에서 지적했던 것처럼, 종속접속문의 문법적 범주를 부사적 내포문으로 설정해 주는 것은 통사적인 근거도 박약할 뿐만 아니

라, 동일한 연결어미가 대등과 종속의 양자 의미를 동시에 가지는 경우
에는 그 구조를 아주 동떨어진 것으로 따로따로 그려줘야 하는 부담을
가질 수밖에 없게 된다. 그러나 범주-전환 규칙은 이러한 부담을 덜어줄
수 있다. 제한되지 않은(unconstrained) 규칙은 혼란을 초래할 수 있으나,
위와 같은 경우에 이러한 기제를 도입하는 것은 불가피하고 문법 기술
에 아주 적절하게 사용될 수 있는 것이다.

또한 대등접속문과 종속접속문의 유형을 기존의 논의에서처럼 연결어
미 형태별로 분류하여 여러 모순을 낳게 되는 문제점을 해결해 줄 수
있다. 다음 예를 보도록 하자.

(28) a. 그는 [공부를 잘하고], 운동을 잘한다.
　　 b. 나는 [밥을 먹고] 왔다.
　　 c. 나는 [풋과일을 먹고] 배탈이 났다.
　　 d. 나는 [기차를 타고] 갔다.
　　 e. 그들은 [손을 잡고] 간다.

위 문장 (28a)는 '-고'가 병렬을, (28b)는 선행을, (28c)는 원인을, (28d)
는 방법을, (28e)는 양태의 의미를 나타낸다. 이렇게 '-고'는 이어지는 성
분들의 의미 관계나 인지적 추론 관계에 의하여 여러 가지 의미를 나타
낸다. 지금까지의 논의에서는 '-고'를 대등접속문의 연결어미로 분류하는
것이 거의 대부분이었다. 그러나 문장 (28a)의 경우만을 제외하고는 모두
종속접속의 의미를 가진다. 이는 부정의 테스트에서 더 잘 알 수 있다.
다음을 보자.

(28′) a. 그는 [공부를 잘하고], 운동을 <u>잘하지 않는다</u>(못한다).
　　　 ↛ 그가 운동을 잘하고, 공부를 잘하지 않는다(못한다).
　　　 → 그는 공부는 잘하지만, 운동은 잘하지 못한다.
　　 b. 나는 [밥을 먹고] <u>오지 않았다</u>.
　　　 → 내가 온 것은 밥을 먹고서가 아니다.
　　 c. 나는 [풋과일을 먹고] 배탈이 <u>나지 않았다</u>.

> → 내가 배탈이 난 것은 풋과일을 먹고서가 아니다.
> d. 나는 [기차를 타고] <u>가지 않았다.</u>
>   → 내가 간 것은 기차를 타고서가 아니다.
> e. 그들은 [손을 잡고] <u>가지 않았다.</u>
>   → 그들이 간 것은 손을 잡고서가 아니다.

위에서 볼 수 있듯이, (28′a)만을 제외하고는 모두 선행절이 부정된 의미만을 가진다. 이를 통해 보건대 같은 연결어미 '-고'라도 '병렬'의 경우에만 대등접속문으로 분류되어야 하고, 이외의 경우는 종속접속문으로 분류되어야 함을 알 수 있다.

이는 부사적 성분이 주로 부정의 초점이 된다[16]는 다음 사실과 맥락을 같이 한다. 다음 문장을 보자.

> (29) a. 현이는 **빨리** <u>달리지 않았다.</u>
>   b. 비가 **많이** <u>오지 않았다.</u>

위에서 문장 (29a)는 양태부사 '빨리'가 부정의 초점이 되고, 문장 (29b)에서는 정도부사 '많이'가 부정의 초점이 된다. 종속접속문은 기능상 부사적 성격을 갖기 때문에 일반적으로 부정의 초점이 되며, 이는 종속접속문과 대등접속문을 구별해 주는 중요한 의미적 테스트가 될 수 있다.

한편 V 층위에서의 이음과 부사적 내포문은 기존 동사구 내포문 구성이나 보조적 연결어미 설정의 갈등을 잘 설명해 줄 수 있다. 권재일(1985)에서는 동사구 내포문 구성이 근본적으로는 통사적 구성이나 긴밀한 통합 관계 때문에 형태론적 구성으로 인식된다고 하였다. 또한 보조적 연결어미를 설정하면 연결어미에 대등적 연결어미와 종속적 연결어

---

16) McConnell-Ginet(1982:164)에 의하면, 부사의 기능은 상황이 분류되는 새로운 차원을 부가하는 것이라고 하였다(What the adverb does is add a new dimension in terms of which situations are classified). 이러한 새로운 차원의 도입은 담화 상 새 정보가 되고, 이는 자연스럽게 초점이 된다.

미와 함께 삼원 대립을 인정하는 부담이 생기게 된다.

허웅(1999:36~41)에서는 '나는 어제 그 곳에 <u>가 보았다</u>'를 겹월로 보면 '나는 [(나는) 어제 그 곳에 갔다] 보았다'와 같이 겹월 짜임새로 봐야 하는데 이는 그 뜻의 중심이 안김마디에 있어 어감에 맞지도 않고, '나는 그러한 곳에 <u>가고 싶지 않다</u>'와 같이 매인풀이씨가 여러 개 이어지는 경우에는 겹겹이 되는 너무 복잡한 월의 짜임새를 인정해야 하기 때문에 '가 보다', '가고 싶지 않다'를 하나의 이은말로 보는 것이 낫다고 하였다. 그러나 이 글의 체계에 의한다면 겹월로 볼 필요성이 애초부터 없어진다. 연결어미 '-아', '-지', '-고'에 의한 '가 보다', '가고 싶지 않다'는 모두 V와 V, V와 V와 V의 이음인 것이다. 그런데 '가 보다'와 같은 경우에는 후행 V가 '의미탈색(semantic bleaching)'이 일어났으므로, 이어진 성분들의 의미적 동등 관계가 깨지게 되고 어떠한 식으로든 의존 관계가 생기는 종속접속의 일종이 된다.

또한 허웅(1999:36~41)에서는 '나는 그가(를) 밥을 <u>먹게 한다</u>'에서와 같은 '-게 하다'는 형태적인 풀이를 하기가 어렵다고 하였다. 즉 '먹게 하다'를 하나의 형태적 짜임새로 보면 '먹다'의 주어와 '하다'의 주어가 각각 다르기 때문에 이렇게 보기는 어렵고, '나는 [그가(를) 밥을 먹게] 한다'의 겹월 짜임새로 봐야 한다고 하였다. 그러나 '-게'를 부사형 어미로 인정한 이 글의 체계에 의한다면 이러한 겹월 짜임은 자연스럽게 설명된다. 즉 '그가 밥을 먹게'가 앞 3.3.의 문장 (21)의 예에서와 같이, 부사절로서 '하다'의 필수 논항으로 기능하고 있는 것이다. 요컨대 이어지는 성분의 층위를 인정하는 설명은 기존의 연구에서 문제 거리였던 것을 잘 설명해 줄 수 있다[17].

---

17) 남기심·고영근(1995)에서는 이 경우, V 층위에서의 이음을 이끄는 '-아', '-지', '-고'와 부사절을 이끄는 '-게'를 구분하지 않고 모두 보조적 연결어미로 처리하였다. 이들 '-아', '-게', '-지', '-고'는 이외의 경우에는 모두 접속문 어미로 처리되었다. 그러나 이 글의 관점에 의한다면 이 경우 '-아', '-지', '-고'는 여전히 연결어미에 속하며, 다만 V 층위에서의 이음을 이끈다는 점만 다르다. 또한 '-게 하다'와 '-게 되다' 등과 같은 구문에서의 '-게'는 위에서 보인 증거로도 알 수 있듯이 여전히 부사형어미

4.2. 부사형 어미와 그 특징

허웅(1983)에서는 부사형 어미로 '-게', '-도록', '-듯이'를 인정하였다. 다음에서는 이들을 부사형 어미로서의 위상에 대하여 검토해 보고자 한다. '-게'에 대해서는 앞 3.3.에서 살펴보았으므로, '-도록'과 '-듯이'에 대해서만 생각해 보기로 한다.

먼저 '-게'의 경우에서와 마찬가지로, 이들이 필수 논항처럼 기능하는 경우가 있다. 다음을 보기로 하자.

(30) a. 그는 [우리가 밥을 먹도록] 해 주었다.
b. 아버지는 [내가 차를 타도록] 허락했다.
c. 우리는 [회사 당국이 노동법을 지키도록] 촉구한다.
d. 그는 나에게 [바가지 긁듯이] 한다.

위 문장에서 괄호 친 부분이 생략되어서는 안 된다. 따라서 단순한 연결어미로는 볼 수 없고, 부사절로서 동사구에 내포된 구성으로 보아야 한다[18].

또한 다음 문장을 보기로 하자.

에 속하는 것이다.

한편 위 문장 '나는 그가(를) 밥을 먹게 한다'의 문장에서 '-게'의 부사절은 '하다'의 필수 논항으로 기능하고 있는 것으로 보았다. 이 때 '하다'의 의미적 자립성이 문제가 되는데, 즉 '하다'가 논항을 선택할 수 있는 능력을 가지고 있는가가 의심스러운 것이다. 이는 '그 아이가 재주가 있게 생겼다', '그 아이가 우리에게 못살게 군다' 등의 문장에서 '생기다', '굴다'라는 서술어의 의미적 자립성이 문제가 되는 것과 마찬가지이다. '하다', '생기다', '굴다'와 같은 동사는 그 자체의 의미가 불분명하므로, 이들 동사가 쓰인 문장은 '-게'로 이끌리는 부사절을 안은 복합문으로 인식되기보다는, '-게'와 동사가 함께 결합하여 먼저 서술어를 구성하고 이것이 다시 그 밖의 논항을 취하는 단문으로 더 쉽게 인식된다.

18) Kim(1977)에서는 '-도록' 절의 보문적 성격에 관하여 논하였다. '-도록' 절은 보문으로 기능하지만, '-것', '-기', '-음'과 같은 NP 보문과는 다른 특성을 가지고 있다고 하였다.

(31) a. 소쩍새들은 [목이 닳도록] 울어댄다.

　　 b. 매미들이 곳곳에서 [귀가 따갑도록] 울어댄다.

　　 c. [귀에 못이 박히도록] 그는 나를 설득했다.

　　 d. [이 밤이 다하도록] 이야기를 나누어 봅시다.

(32) a. 눈물이 [비가 쏟아지듯이] 흘러 내렸다.

　　 b. 세월이 [물 흐르듯이] 빨리도 간다.

　　 c. [고양이가 쥐를 노리듯이] 그는 나를 노려보았다.

　　 d. [어린아이를 달래듯이] 그는 나를 쓰다듬어 주었다.

위 문장은 두 사건의 단순한 이음으로 볼 수 없다. 각각의 문장은 괄호 친 부분을 함의하지 않는다. '-도록'과 '-듯이'에 의한 성분은 VP를 수식해 주는 구실만 할 뿐이다. 문장 (31)의 '-도록'은 양태나 결과의 의미를, 문장 (32)의 '-듯이'는 양태의 의미를 나타낸다. 이는 이들 어미에 결합되는 성분으로 관용적 표현이 자주 쓰인다는 사실로도 알 수 있다.

마지막으로 다음 문장은 부사절인지 종속접속문인지 구별하기 어려운 경우이다.

(33) [저런 광경이 보이지 않도록] 당신은 내 눈을 가려 주시오.

(34) [말 배우는 데에도 끝없는 반복연습이 필요하듯이] 예술 감상 능력
　　 도 마찬가지이다.

그러나 이들 경우는 부사절 쪽으로 인정하는 것이 낫다. 왜냐하면 먼저 문장 (33)의 '-도록'은 결과의 의미를 나타낸다. 이는 '-게'의 경우에서와 마찬가지로 시간적으로 순차적이거나 인과적 관계의 역전적인 관계를 이끌어 내는 것이다. 이는 '이음'에 의한 문장 형성과 해석에 매우 유표적인 것이며, 따라서 '이음'으로는 보기 어려운 것이 된다. 또한 문장 (34)의 '-듯이'는 주절을 단언하는 데에 대한 정당화에 이용된다. 이는 '-듯이'의 '비유'라는 본래적인 의미와는 거리가 있는 것으로, 주절을 단언하기 위한 상위언어적(meta-linguistic) 용법으로 쓰인 것이 아닌가 한다.

5. 결 론

이 글에서는 한국어 복합문 구성 체계에 대한 기존의 연구를 검토하고, 이에 새로운 복합문 구성 체계를 제시하였다. 특히 부사절과 관련한 접속문 체계에 대하여 집중적으로 고찰하였다. 이 글의 논의를 정리하면 다음과 같다.

1) 접속문 축소 변형의 관점에 의하여 접속문을 설명하려는 시도는 적절하지 못하다. 접속법은 최현배(1971)의 견해와 같이, 낱말과 낱말, 이은말과 이은말, 마디와 마디의 문장성분을 이어주는 중립적이고 넓은 의미의 이음으로 확대해야 한다.
2) 종속접속문은 내포문이 아니라 단순한 접속문이다.
3) '-게'는 부사형어미이다.
4) 한국어 복합문에서 부사절은 인정되어야 하며, 접속문은 대등접속문과 종속접속문에 의한 양자 구성을 이룬다. 접속문은 낱말과 낱말(V), 이은말과 이은말(VP), 마디와 마디(IP)의 이음이 인정된다. 대등접속문과 종속접속문의 다른점은 종속접속문이 ADVP로 범주-전환 규칙이 적용된다는 것이다. 그리고 부사형 어미로는 '-게', '-도록', '-듯이'가 인정된다.

참고 문헌

권재일(1985), 「국어의 복합문 구성 연구」, 집문당.

──(1990), "한국어 접속문 연구사", 「언어학 연구사」, 서울대학교 출판부.

고영근(1989), 「국어 형태론 연구」, 서울대학교 출판부.

──(1995), 「최현배의 학문과 사상」, 집문당.

남기심(1985), "접속어미와 부사형어미", 말 10, 연세대학교 한국어학당.

남기심·고영근(1985), 「표준국어문법론」, 탑출판사.

박소영(2000), "양태의 연결어미 '-고'에 대한 연구", 언어학 26, 한국언어학회.

──(2001a), "'-은 것이다' 구성의 텍스트 분석, 고영근 밖에(편)", 「한국 텍스트과
　　　　학의 제 과제」, 도서출판 역락.

──(2001b), 결과 부사형 '-게'에 대한 연구, 한글 252, 한글학회.

서정수(1994), 「국어문법」, 뿌리깊은나무.

유현경(1986), "국어 접속문의 통사적 특질에 대하여", 한글 191, 한글학회.

윤평현(1989), 「국어의 접속어미 연구」, 한신문화사.

이은경(1995), "접속문의 대등성과 종속성에 대하여", 텍스트언어학 3, 텍스트연구회편.

이익섭·임홍빈(1983), 「국어문법론」, 학연사.

정정덕(1986), "국어 접속어미의 의미·통사론적 연구", 한양대 박사학위논문.

최재희(1991), 「국어의 접속문 구성 연구」, 탑출판사.

최현배(1971), 「우리말본」, 정음사.

허 웅(1983), 「국어학-우리말의 오늘·어제」, 샘문화사.

──(1999), 「20세기 우리말의 통어론」, 샘문화사.

五十嵐孔一(1996), 原因·理由を表わす接續形 "-(아/어)서"と "-(으)니까" について,
　　　　朝鮮學報 162.

野間秀樹(1996), "한국어 문장의 계층구조", 언어학 19, 한국언어학회.

Hasegawa, Y.(1996), *A Study of Japanese Clause Linkage: the Connective TE in Japanese*,
　　　　CSLI.

Kim, Nam-Kil(1977), *TOLOK* sentential complements in Korean, Chin-W Kim(ed.),
　　　　Papers in Korean Linguistics, Hornbeam Press.

Cohen, J.(1971), Some remarks on Grice's views about the logical particles of natural language, Y. Bar-Hillel(ed.), *Pragmatics of Natural Language*, Dordrecht.

McConnell-Ginet(1982), Adverbs and logical form: a linguistically realistic theory, *Language* 58-1.

Thomason & Stalnaker(1973), A semantic theory of adverbs, *Linguistic Inquiry* 4.

Wilson, D. & Sperber, D.(1998), Pragmatics and time, R. Carston & S. Uchida(eds), *Relevance Theory: Applications and implications*, John Benjamins.

『地珤略論』의 텍스트성에 대하여

이 병 기

1. 서론

국어사 연구에 이용되는 한글문헌 자료에 대한 소개는 흔히 서지적인 사항, 편·저자 및 간행 연대, 이본 관계 등의 일반적 성격, 국어학적인 특성 등의 내용을 담고 있다. 그러나 이러한 내용만으로는 자료를 온전하게 이해했다고 할 수 없다. 특히 전체적인 내용과 구성 등과 관련하여서는 대상 자료를 온전하게 이해하거나 평가할 수 있는 틀이 마련되어 있지 않다.

대상 자료를 온전하게 이해하는 방법은 자료와 관련된 모든 면면을 고찰하는 것일 텐데 이는 텍스트 분석에 의하여 체계적인 접근이 가능하다. 특히 텍스트성을 판정하는 기준으로 흔히 거론되는 응결성, 응집성, 간텍스트성을 중심으로[1] 대상 자료를 분석하면 텍스트와 관련된 거

---

1) 본고에서 사용하는 텍스트이론의 용어에 대한 개념은 고영근(1999, 2001, 2002)에

의 모든 면을 고찰하는 것이 될 것이다.

이에 본고는 개화기 지리서인『地璆略論』[2]을 텍스트 분석의 방법을 이용하여 그 특징을 파악하기로 한다.『地璆略論』은 지구의 모양과 운동을 비롯하여 우리나라 및 세계지리를 문답 표현으로 간략히 설명한 책이다. 편찬자와 간행연도는 명시되지 않았으나, 학부 편집국에서 1896년에 간행한『新訂尋常小學』각 권 끝에 '學部編輯局開刊書籍定價表'라는 제목 아래 열거된 교과서 목록에『地璆略論』이 포함되어 있는 것으로 보아 1896년 이전에 처음 간행된 것으로 추정할 수 있다.[3]

본문은 문답의 형식으로 되어 있는데, 예를 들면 '디구가 무슴 모양이뇨' 하고 묻고 '둥근 모양이니라' 하고 답하는 형식이다. 질문의 앞에는 난상에 '문(問)'이라 쓰고, 답의 앞에는 원권(圓圈)을 한 다음 '답(答)'이라고 써서 구분하였으며, 이러한 문답은 총 200쌍으로 구성되어 있다. 내용상으로는 地球, 朝鮮地誌, 世界地誌의 3부로 나뉜다. '지구'에서는 지구의 모양·운동·크기, 육지와 해양의 비율, 대륙과 해양의 위치와 크기 등을 다루고, '조선지지'에서는 조선의 위치·행정구역·백두산과 大池(天池)·監營·監司·營門에 대하여 기술한 뒤 八道의 지지를 도별로 다루고 있다. 각 도의 지지는 산·강·포구·감영·병영·읍·산물·명소·嶺 등을 다루었다. '세계지지'에서는 대륙별로 주요 국가를 다루고 있는데 위치·수도·행정구역·산·강·포구 등을 설명하였고, 국가마다의 특색을 고려하여 인도에서는 백성의 品數, 강물에 아이를 던지는 풍습, 유다국(이스라엘)에서는 기독교에 관한 사항 등의 설명도 보인다. 마지막 부분에는 세계에서 가장 더운 곳과 추운 곳, 여러 인종의 피부색과 특징, 대륙별 분포 등을 다루고 있다.

『地璆略論』은 특히 내용적으로 자연지리적인 관점과 사회인문학적인 관점에서의 지구, 조선 그리고 세계에 대한 복합적 설명이 어우러져 있

기댄다. '매우 텍스트답다' 등의 용어도 마찬가지다.
2)『地璆略論』은 여러 곳에 소장되어 있으며 규장각에도 여러 권이 전한다. 본고는 규장각본 <奎 12676>을 대상으로 하였는데 다른 본들도 모두 동일하다.
3)『태서신사요람』등 다른 교과용 도서에도 이러한 정가표가 등장한다.

는데 이들이 어떻게 응집성을 가지고 하나의 텍스트로 짜여졌는지에 대한 분석은 본고의 중요한 부분이 될 것이다. 그리고 이러한 응집성과 아울러 당시 표기방식과 어휘 등에서 텍스트 전체적으로 일관성을 보이는지, 그렇지 않다면 그 정도성은 얼마나 되는지와 관련한 응결성도 따져보고자 한다.

　이러한 작업을 통하여 개화기 신학문 교육을 위한 지리 교과서인 『地璆略論』을 심층적으로 이해할 수 있으며, 한 걸음 나아가 교과용 도서의 편찬 경위 및 개화기 언어사용의 한 단면도 파악할 수 있을 것이다.

2. 『地璆略論』의 다층구조

　앞에서도 언급했듯이 『地璆略論』은 자연지리적인 관점과 사회인문학적인 관점에서의 지구, 조선 그리고 세계에 대한 복합적 설명이 어우러져 있는데, 이러한 여러 층위의 내용을 담기 위해서 텍스트가 여러 층위로 구성되어 있다. 이러한 텍스트의 층위를 구분하기 위해서 목차에서 장, 절, 항, 목을 표시하는 방법을 이용하여 [T.1.(.T.1.1., T.1.2.)]와 같이 나타내기로 한다. 즉 'T.1.1., T.1.2.'는 'T.1.'에 포함되는 작은 텍스트[4]이다.

　이들을 층위를 그 내용과 함께 개괄적으로 나타내면 다음과 같다.[5]

---

4) 흔히 상위텍스트, 하위텍스트; 거시구조, 미시구조 등으로 텍스트의 틍위를 구분하는데 여기서는 '더 큰', '더 작은' 등으로 층위를 더 세분하기 위하여 '큰 텍스트, 작은 텍스트'로 구분한다. 물론 이러한 용어는 텍스트의 층위가 아닌 장편소설, 단편소설에서와 같이 텍스트의 크기를 내포하는 느낌이 강하기는 한데 이에 대한 상론은 추후로 미룬다.
5) [붙임]에 전체 텍스트가 나와 있다. 항목번호 역시 필자가 단 것인데 이를 참고하면 된다.

(1) T.1. 지구

큰 텍스트	작은 텍스트	내용	비고
T.1. (001-032)	T.1.1.(001-007)	지구일반	
	T.1.2.(008-014)	5대양	
	T.1.3.(015-020)	6대주	
	T.1.4.(021-022)	못, 강	
	T.1.5.(023-032)	조선주변의 대양, 대주	

(2) T.2. 조선지지

큰 텍스트	작은 텍스트	내용	비고
T.2. (033-147)	T.2.1.(033-040)	팔도	
	T.2.2.(041-051)	산, 강, 관청	
	T.2.3.(053-061)	함경도	T.2.2.에서 언급(사슬)
	T.2.4.(062-071)	강원도	
	T.2.5.(072-078)	경상도	
	T.2.6.(079-093)	전라도(제주)	
	T.2.7.(094-104)	충청도	
	T.2.8.(105-123)	경기도(강화)	
	T.2.9.(124-134)	황해도	
	T.2.10.(135-146)	평안도	
	T.2.11.(147)	아우름(조선팔도인구)	

(3) T.3. 세계지지

큰 텍스트	작은 텍스트	내용	비고
T.3. (148-200)	T.3.1.(148-156)	청나라	아시아 동편
	T.3.2.(157-161)	일본	
	T.3.3.(162-168)	인도	아시아 남편
	T.3.4.(169)	러시아	아시아 북편
	T.3.5.(170-172)	유대	아시아 서편
	T.3.6.(173-179)	아프리카(이집트)	
	T.3.7.(180-191)	유럽(영국, 프랑스, 독일, 러시아)	
	T.3.8.(192-193)	남아메리카	

T.3. (148-200)	T.3.9.(194-196)	북아메리카	
	T.3.10.(197)	오스트레일리아	
	T.3.11.(198-200)	아우름(세계 기후와 인종)	

두 번째 단계까지의 층위를 구분하여『地璆略論』의 텍스트 구조를 표시하였는데 전체 200개의 항목이 각각 그 자체로 정보성을 가지고 응집성과 응결성을 지니고 있으며 개별적인 텍스트라 할 수 있으므로 더 작은 층위로의 구분이 가능하다. 특히 'T.2.6.'이나 'T.2.8.'은 전라도와 경기도와 관련한 작은 텍스트이면서 그 내부에 각각 제주와 강화에 대한 내용을 포함하고 있는데 이들은 더 작은 텍스트로, 그리고 제주에 관한 더 작은 텍스트에서 각 항목을 텍스트로 하여 더 작은 텍스트 층위(예를 들면 T.2.6.1.1.)까지를 생각할 수 있다.

이러한 다층구조의 텍스트가 어떠한 특징을 보이는지 그리고 응집성을 어떻게 유지하고 있는지는 4장에서 구체적으로 살펴보기로 한다.

3.『地璆略論』의 응결성

『地璆略論』에서 발견되는 응결성은 형태·통사론적인 것으로 아래와 같이 모든 문장이 의문문과 이에 대한 답문으로 이루어진다는 것에 있다.

> (4) 문(問) 디구가 무슴 모양이뇨 ○ 답(答) 둥근 모양이니라
> 　　 문(問) 디구가 돌면 엇지 되ᄂ뇨 ○ 답(答) 낫과 밤이 되ᄂ니라

즉 '뇨'로 끝나는 어미와 '라'로 끝나는 어미가 반복된다는 것이다. 이러한 응결장치로『地璆略論』전체 텍스트의 응집성을 뒷받침하고 있다. 그러나『地璆略論』은 그 외의 응결장치에 있어서는 텍스트성을 약화시키는 예가 많이 보인다. 특히 음운론적 응결장치에 있어서는 복잡한 양

상을 보여 주고 있다. 사실 표기에 반영된 사실이 음운론적인 사실과 직접 연결되는 것이 아니기 때문에 엄밀하게는 표기법적 응결장치라고 할 수 있다. 복잡한 양상이란 응결성이 떨어져 서로 상반되는 예들이 많이 보인다는 것이다.

예를 들어 병서 표기에서는 ㅅ-계와 ㅂ-계가 모두 쓰였는데 '아프리까(3a)'와 '아프리빠(18a)'처럼 혼란된 표기가 보인다. '물(1a)'과 같이 원순모음화가 반영된 표기가 일반적이나 '붉다'의 어간은 항상 '붉-'으로 나타나고 '北'은 항상 '북'으로 나타나는 점이 특이하다. 'ㅎ' 종성의 경우에 '따에(2b), 나라의(17a)'와 같은 표기가 일반적이나 '따히(3a), 나라히(3b)'에서와 같이 'ㅎ'이 나타나는 경우도 있다. 그리고 '인도양'(3a), '북빙양'(3a) 등에서와 같이 '洋'에 대하여 '양'과 '양'으로 나타나고 '昭陽江'에 대하여 '쇼양강'(6b)과 '소양강'(6b)으로 나타나고 있다. 하나의 텍스트에서 이와 같이 혼동된 양상은 텍스트성을 떨어트리는 결과를 초래한다.

또한 표기상 연철, 분철, 혼철이 혼란되어 나타나고, '깁흔(2b)'처럼 재음소화한 표기도 있다. 고유어에서는 ㄷ구개음화가 표기에 반영되어 있으나 한자어의 경우에는 '뎨일(1b), 디방(2a)' 등과 같이 적고 있다.

이렇게 텍스트성을 약화시키는 장치는 몇몇 어휘에서도 발견된다.

(5) 문(問) 대양(大洋)이 몃치나 되느뇨 ○ 답(答) 다삿시니라(1a)
　　 문(問) 닐크롬 무어시뇨 ○ 답(答) 태평양(太平洋)과 대셔양(大西洋)과
　　　　 인도양(印度洋)과 북빙양(北氷洋)과 남빙양(南氷洋)이니라(1a)

(6) 문(問) 디구(地璆)가 몃 디방(地方)에 분별(分別)되엿느뇨 ○ 답(答)
　　　　 여숫세 분별(分別)되엿느니라(1b)
　　 문(問) 디방(地方) 일홈이 무어시뇨 ○ 답(答) 아셔아(亞西亞)와 유롭프(歐羅巴)와 아프리까(亞非利加)와 오스틀럴라(澳大利亞)와
　　　　 남아미리까(南亞米利加)와 북아미리까(北亞米利加)니라(1b)

　위의 텍스트에서 '대양'에 대하여는 '닐크롬 무어시뇨'라고, '디방(대륙)'에 대하여는 '디방 일홈이 무어시뇨'라고 묻고 있는 것이다. '답'이

동일한 형식인 것으로 보아 '문' 역시 '디방'에 대하여도 '닐크롬 무어시뇨'로 묻는 것이 응결성을 더 높여주었을 것이다. 수관형사의 경우 '이십스 읍(二十四邑, 6a)'과 같이 한자식 수관형사가 나타나는 것이 일반적이지만, '팔빅열리(八白十里, 5b)'의 예는 한자와 고유어가 같이 나타나고 있어 응결성을 떨어뜨리는 것이라 하겠다.

이러한 응결성에서의 뒷받침이 완전하지 않은데도『地璆略論』의 텍스트성은 매우 높다고 할 수 있다. 그 이유는 앞에서도 언급했지만 묻고 답하는 형식의 반복과 또 그 문답이 내용적으로 계속 사슬처럼 이어지기 때문이다. 이에 대해서는 응집성을 논하는 자리에서 상술하기로 한다.

그리고 전반적으로 음절말의 'ㄷ'은 '부세(賦稅)롤 밧아드리고(5a)'와 같이 'ㅅ'으로 일관되게 표기되는 등 응집성을 뒷받침하는 응결장치들 역시 많이 지적할 수 있다. 특히 표기 방식에 있어서는 한자가 직접 노출되지 않는 한글 전용 문헌이라고 할 수 있는데 한자어인 경우에는 한글 표기 왼쪽에 일관되게 한자를 병기하였다. 서구어의 경우에도 한글로 표기한 왼쪽에 한자를 병기하였는데, '아셔아', '유롭프' 왼쪽에 '亞西亞', '歐羅巴'를 병기하고 '예지부도'의 경우에는 '예'와 '도' 왼쪽에 각각 '埃'와 '及'을 병기하였다. 고유어 '낫', '밤', '뵈'의 왼쪽에 '晝', '夜', '麻布'와 같이 뜻을 한자로 병기한 예도 있다.

4.『地璆略論』의 응집성

4.1. 사슬구조

각 항목별로 즉 가장 작은 단위의 텍스트에서부터 발견되는 가장 큰 특징은『地璆略論』의 텍스트가 사슬구조로 짜여져 있다는 것이다. 여기서 사슬구조라는 것은 'A는 B이다. B는 C이이다. C는 D이다'의 구조로 텍스트가 이어나간다는 것이다. 그리고 사슬구조의 또 다른 특징으로 마지막에서 'X는 A이다'로 다시 처음 시작한 것으로 아우른다는 것도 들 수 있다. 다음을 보자.6)

> (7) 002문(問) 디구(地璆)가 안졍(安靜)[움작이지 안는 형形용容]ᄒᆞᄂᆞ뇨
>   ○ 답(答) 디구(地璆)가 날마다 ᄒᆞ 번식 **도ᄂᆞ니라**
>   003문(問) 디구(地璆)가 돌면 엇지 되ᄂᆞ뇨 ○ 답(答) **낫(晝)과 밤**
>   **(夜)이** 되ᄂᆞ니라
>   004문(問) 엇지ᄒᆞ여 **낫(晝)과 밤(夜)이** 되ᄂᆞ뇨 ○ 답(答) ᄯᆞ히 희롤
>   더(對)ᄒᆞ면 낫(晝)이 되고 희를 등지면 밤(夜)이 되ᄂᆞ니라7)

지구가 도는 것(自轉)을 설명하고 뒤이어 돌기 때문에 낮과 밤이 바뀌는 것을 설명하고 뒤이어 낮과 밤이 바뀌는 것을 해를 바라보고 있는지와 등지고 있는지로 나누어 설명하고 있다. 직접적으로 설명하고 있지는 않지만 해를 등지고와 바라보고는 결국 지구가 도는 것에 귀결된다. 이렇게 가장 작은 텍스트들은 사슬구조를 가지고 이어가고 있는 것이다.

그런데 이러한 사슬구조는 더 큰 층위의 텍스트들에서도 발견된다. 예를 들어 2장의 층위별 텍스트 구분을 보면 T.1.의 T.1.2.와 T.1.3.에서 5대양 6대주를 상론하고 T.1.5.에서 다시 조선 주변의 대양과 대주를 설명한다. 그리고 이어지는 T.2.1.에서 조선의 지지를 설명한다. 이를 간략화하면 (A), (BA), (A)의 사슬구조를 이루는 것이다. 이러한 사슬구조는 조선지지를 나타내는 T.2.의 끝에서도 발견할 수 있으며 텍스트 전체적으로 처음에 '지구'로 시작하여 끝에서 '천하만국'으로 아울러지는 것에서도 발견할 수 있다.

이렇게 사슬구조로 짜여진 것은 결국 응집성의 관점에서 『地璆略論』을 매우 텍스트답게 만들고 있는 것이다.

---

6) 이 장부터는 장차 표시를 하지 않고 각 항목별로 필자가 붙인 번호를 이용한다. 장차는 [붙임]을 보면 확인할 수 있다.
7) 굵은 글씨는 필자가 표시한 것이다.

4.2. 교직적 구성

고영근(2001ㄴ:118-9)은 『혼불』의 텍스트다움을 설명하면서 『혼불』이 교직적(交織的) 구성을 보인다고 하였다. 여기서 '교직적이라 함은 개별 텍스트들이 선형적(흔히 선조적)으로 배열되지 않고 서로 얽히면서 상위의 큰 텍스트로 엉겨 나간다는 것이다. 다시 말하면 텍스트들이 단속적(斷續的)으로 연결되어 있음을 가리킨다.'(고영근 211ㄴ:118) 『地璆略論』에서도 이러한 교직적 구성을 발견할 수가 있다.

앞에서 사슬구조를 설명하였는데 사슬이 선형적으로 길게만 연결되는 것이 아니라 중간의 사슬 하나에 선형적으로 이어지지 않는 사슬이 마치 하나의 열쇠고리에 여러 개의 열쇠가 매달려 있는 것처럼 연결되어 있는 경우가 있다. 이 역시 가장 작은 단위의 텍스트에서부터 근 텍스트에 이르기까지 발견된다.

(8) 024문(問) 아셔아(亞西亞) 동편(東偏)에 엇던 대양(大洋)이 잇느뇨 ○
　　　답(答) 태평양(太平洋)이란 바다가 잇느니라
　　025문(問) 아셔아(亞西亞) 남편(南偏)에 엇던 대양(大洋)이 잇느뇨 ○
　　　답(答) 인도양(印度洋)이란 바다가 잇느니라
　　026문(問) 아셔아(亞西亞) 북편(北偏)에 엇던 대양(大洋)이 잇느뇨 ○
　　　답(答) 북빙양(北氷洋)이란 바다가 잇느니라

(9) 027문(問) 아셔아(亞西亞) 셔편(西偏)에 엇던 ᄯ히 잇느뇨 ○ 답(答)
　　　유롭프(歐羅巴)란 ᄯ히 잇느니라
　　028문(問) 아셔아(亞西亞) 셔남간(西南間)에 엇던 ᄯ히 잇느뇨 ○ 답
　　　(答) 아프리까(亞非利加)란 ᄯ히 잇느니라

(8)과 (9)를 보면 먼저 아시아 인근의 대양과 대주가 선형적인 사슬로 연결되어 있는 것을 알 수 있다. 그런데 대양이라는 사슬과 대주라는 사슬에 각각 '태평양, 인도양, 북빙양', '유롭프, 아프리까'라는 사슬이 뭉쳐 있다. 이렇게 『地璆略論』의 텍스트는 사슬구조로 연결되어 있지만 그 연

결이 선형적이지 않고 교직적으로 연결되어 있다. 이러한 교직적 구성으로 하나의 주제에 대하여 더 깊고 넓은 정보를 제공할 수 있는 효과가 있다.

T.2.를 보면 이러한 교직적 구성은 더 명확해진다. T.2.는 T.2.1.과 T.2.2.에서 조선을 구성하는 팔도와 관청, 강, 산 등에 대하여 언급하고 T.2.3.부터 함경도, 강원도, 경상도, 전라도, 충청도, 경기도, 황해도, 평안도 순으로 선형적인 사슬로 연결되어 있다. 6장에서도 후술되지만 전통적인 지리서들과는 달리 함경도가 먼저 소개되는 것은 산을 주제로 설명하다가 산이 많은 지방인 함경도와 강원도로 자연스럽게 이어지기 때문이다. 그런데 각 도별로 다시 산, 강, 섬, 감영, 병수영, 서울에서의 거리, 특산물, 유명한 곳 등에 대한 설명이 딸려 있다. 이러한 구성 역시 전체적으로 보면 교직적이라 할 수 있다. 이 텍스트가 마무리되면 다시 전체적인 선형적인 연결로 복귀한다. 이러한 교직적 구성과 사슬구조는 텍스트성을 높여 주는 장치로 작용한다.

4.3. 의도성과 정보성

『地璆略論』은 기본적으로 소학교 학생들의 지리 교육을 위한 교과서적인 성격을 가지고 있다. 이렇게 보았을 때 텍스트의 의도성은 텍스트의 내용을 학생들에게 전달하고 이해시키는 것이다. 일반 텍스트에서는 의도성이 감동법 등 심리적 요인에 기댄 표현에서 발견되지만 이러한 교과서에서는 정보성과 연관시켜 유익한 정보를 쉽게 전달하려고 하는 것에서 의도성을 파악할 수 있다. 따라서 『地璆略論』의 의도성은 응집성과 직접 연결되어 있다고 할 수 있는데 위에서 고찰한 사슬구조와 교직적 구성도 이러한 의도성을 나타내는 것이라고 할 수 있다.

그런데 정보성에 있어서 실제 정보가 지금의 시각으로는 잘못된 정보들이 있다.

> (10) 147문(問) 됴션(朝鮮) 팔도(八道)에 인구수(人口數)가 얼마나 되느뇨
> 　　　　○ 답(答) 륙죠오억여만명(六兆五億餘萬名) 되느니라
> 　156문(問) 청국(淸國)에 인구수(人口數)가 얼마나 되느뇨 ○ 답(答)
> 　　　　대강(大綱) 수빅죠(四百兆) 인구(人口) 되느니라

　각 나라의 풍습이나 위치 등 지금의 시각에서도 정확하고 다양한 정보들이 제공되어 있기는 하지만 (10)과 같이 과학적이지 않은 기술도 있는 것이다. 그러나 이러한 잘못된 정보는 극히 일부여서 전체의 텍스트성을 떨어뜨리지는 못한다. 『朝鮮地誌』에서 제시한 각 부(付)의 人戶는 漢城 46,202, 仁川 49,267, 忠州 81,799, 洪州 83,002, 公州 104,496, 全州 18,263, 南原 75,739, 羅州 97,384, 濟州 9,800, 晉州 114,092, 東萊 56,734, 大邱 127,242, 安東 77,356, 江陵 24,668, 春川 42,826, 開城 51,909, 海州 101,228, 平壤 133,342, 義州 69,950, 江界 28,690, 咸興 55,358, 甲山 5,793, 鏡城 53,601로 전부 합하면 1,508,741이 된다. 1896년 9월 1일 근대적인 면모의 호구조사규칙이 시행된 것을 감안하면 이러한 수치 역시 해석하기에 따라 큰 오차를 보이겠지만 漏戶까지 포함해서 총 2백만 가구에 각 가구당 5명씩 계산하면 당시 인구는 천만 명 내외가 될 것이다.

　그리고 편찬자의 의도와는 관계없이 현대의 국어학자에게도 많은 정보를 제공하는 데 이에 대한 상론은 3장의 응결성을 논의한 것에 대신하기로 한다. 여기서는 마지막 항목에서 사람의 피부색이 어떠한가를 묻는 질문에 오색(五色)이라 답하고 각 인종별로 '누른빗, 검향빗, 검은빗, 흰빗, 붉근빗'을 띄고 있다고 한데서 어휘면에서도 생활상의 풍부한 어휘를 보여준다는 것만을 추가하기로 한다. 여기서 '검향빗'은 어떠한 색을 가리키는지 분명하지 않지만 '황갈색'을 뜻하는 '침향색'일 가능성이 크다.

5. 『地璆略論』의 간텍스트성

박금자(2003:38)에 따르면 '간텍스트성'은 간텍스트가 선텍스트의 의미내용, 언어기호를 반복하면서 한편으로는 변형을 함으로써 차이나게 가지는 요소와 특성으로 한정하여 이해하는 것이 적절하다고 한다. 이러한 논의를 바탕으로 『地璆略論』의 간텍스트성을 고찰하기 위해서는 『地璆略論』의 선텍스트를 먼저 살펴보아야 한다.

『地璆略論』은 학부 편집국에서 간행한 우리나라 최초의 한국지지 교과서인 『朝鮮地誌』, 소학교육용으로 만든 세계지지 교과서인 『小學萬國地誌』, 1889년 순한글로 펴낸 헐버트(Hulbert, H. B.)의 『스민필지』를 한문으로 번역한 『士民必知』, 순 한문으로 된 오횡묵의 『輿載撮要』 등과 함께 당시 고종의 신학문을 강조한 교육조서에 따른 개화기 지리교육 교재라고 할 수 있다. 이종국(1991/2001:85)에 정리되어 있는 교과용 도서 중 지리서만을 모으면 다음과 같다.

교과	교과서명	정가	출판 연도	비고
	朝鮮地誌	20전	1895	국한문 혼용
	東輿地圖	8전	1896	국한문 혼용
	輿載撮要	40전	1896	국한문 혼용
	地璆略論	8전	1896	국한문 혼용
지리	萬國地誌	24전	1896	한문
	士民必知漢文	32전	1896	한문
	小地球圖着色	5전	1896	한문
	國文小地球圖着色	4전	1896	국문
	輿載撮要	40전	1893/1896	국한문 혼용

이종국(2001:83)에 따르면 당시 교과용 도서는 갑작스런 근대화 교육의 전환에 따라 급하게 만들어야 했으므로 교과목에 따라 외국의 책을 번역하고 편집한 경우도 많았으며 실제 학부 관제 중 편집국의 업무에 교과용 도서의 번역에 관한 사항이 포함되어 있다. 따라서 『地璆略論』의

간텍스트성을 온전히 밝히기 위해서는 참고했을만한 외국의 지리서에 대한 검토가 선행되어야 하지만 본고에서는 그러한 작업까지를 아우를 수 없었다. 다만 위에서 제시한 몇몇 지리 교과용 도서와의 비교를 통해 간텍스트성과 관련하여 몇 가지 사실을 지적할 수 있다.

먼저 앞 장에서 언급한 교직적 구성이 다른 지리서에서도 발견되었고 이는 근대 교과용 도서 이전의 전통적인 지지서와도 맥이 닿는다. 비교를 위하여 '조선지지' 부분을 우선 보면 상당 부분 내용과 구성에 있어서 조선 전기의 『新增東國輿地勝覽』, 철종대 김정호의 『大東地志』, 그리고 1895년의 『朝鮮地誌』와 그 체제가 상당히 유사하다. 가장 이전 시기에 편찬된 『朝鮮地誌』의 경우 먼저 우리나라의 위치, 강역, 연혁, 행정구역 등을 간략히 설명하고 뒤이어 한성(漢城)을 비롯한 전국 23付를 8도로 크게 나누어 각 付별로 연혁·위치·강역·土産·人戶 등을 설명하고 있다. 이는 2장에서 살펴보았듯이 『地璆略論』의 조선지지 부분에서도 마찬가지다. 그러나 실제 구체적인 내용에 있어서는 차이가 있다.

『地璆略論』의 33번째 문답을 보면 "문(問) 됴션(朝鮮) 디방이 몃리뇨 ○ 답(答) 남븍(南北)은 삼쳔리(三千里)오 동서(東西)는 구빅리(九百里)니라(4a)"이라고 한 반면에 『朝鮮地誌』에서는 "北으로 慶興에서붓터 南으로 機張에 至ᄒ야 三千六白十五里오 東으로 機張에서붓터 西으로 海南에 至ᄒ야 一千八十里오(1a)"라 하고 있는 것이다. 『ᄉ민필지』에서는 이들과 다르게 위도와 경도가 함께 제시되어 "죠션국은 폭원이 북위션 삼십오 듸그리브터 ᄉ십삼 듸그리ᄭ지요 동경션 일빅이십삼 듸그리브터 일빅삽십일듸그리ᄭ지니 남북이 삼쳔리요 동서가 륙빅리며(75-76장)"라 하고 있다. 이렇게 길이나 제시하는 방법이 각기 다르다.

그리고 각 도의 설명하는 순서도 『朝鮮地誌』에서는 京畿道, 忠淸道, 全羅道, 慶尙道, 江原道, 黃海道, 平安道, 咸鏡道 순으로 설명한 반면 『地璆略論』에서는 팔도의 개괄 후 제일 높은 산인 백두산을 설명한 뒤 바로 산이 많은 함경도와 강원도에 대하여 설명하고 있다. 이는 한성과 경기도를 시작으로 각 도를 설명하는 이전 지리서들과는 크게 다른 부분이기도 하다.

그렇다면 『地璆略論』의 간텍스트성을 어떻게 규정할 수 있을까? 이는 우리의 전통적인 지리서인 『(新增)東國輿地勝覽』, 김정호의 『大東地志』, 최한기의 『地球典要』, 중국, 일본, 서양에서 편찬된 각종 지리서들을 좀 더 종합적으로 고찰한 뒤에 답할 수 있는 문제이기는 하지만 내용과 구성에 있어서 전통적인 지리서를 바탕으로 외국의 지리서를 참조하여 편찬한 것이라고 할 수 있을 것이다.8) 그렇지만 문답 형식의 최소단위 텍스트 구성은 지리서들 중에서 선텍스트를 찾을 수 없을 듯하다. 이는 오히려 두 사람의 대화체로 이루어진 홍대용의 『醫山問答』, 『老乞大』, 『朴通事』, 문답 형식은 아니지만 각 어휘별로 예문을 보여 각 문장이 독자적인 텍스트가 되는 『交隣修知』, 다른 나라의 교과서 등 기타의 다른 텍스트에서 선텍스트를 찾아야 할 것이다. 더 광범위한 고찰이 필요한 부분이다.

6. 맺음말

이상으로 개화기 근대교육 지리 교과서의 하나인 『地璆略論』을 온전히 이해하기 위해 응결성, 응집성, 간텍스트성을 중심으로 『地璆略論』의 텍스트성을 살펴보았다. 근대 교육을 위한 다른 교과용 도서와는 달리 문답식으로 조선 및 세계의 지지를 설명하고 있는 『地璆略論』은 그 고

---

8) 관보 제19호에 실린 학부 문과 규정 제6조를 보면 학부 편집국의 사무로 '교과용도서의 번역에 관하는 사항'이 명시되어 있다. 이를 보아 그 당시 편찬된 교과서의 일부는 외국 교과서의 번역에 의한 것임을 알 수 있다. 그리고 1893년 오횡묵이 쓴 『與載撮要』는 한국과 세계의 지리를 다루며 한국지도는 전통적인 도법에 의한 지도를 제시하고 세계지도는 모두 경위선이 표시된 현대적 지도를 제시하고 있다. 또한 영국에서 발간된 것을 요약한 정치연감도 수록되어 있는데 이를 통해 당시 교과용도서의 선텍스트들의 복합적인 성격을 짐작할 수 있다.

유의 형식으로 응결성과 응집성을 지닌다는 사실과 다른 지지서와 갖는 간텍스트성의 양상을 파악할 수 있었다. 이에 대한 요약은 생략하기로 하고 다음의 한 가지 사실만을 지적하기로 한다.『地璆略論』의 텍스트성을 평가하는 데 있어 특이한 점은 표기의 혼란 등, 응결성에 있어서 텍스트성을 저해하는 요소들이 있음에도 불구하고 전체적으로 텍스트성을 유지하고 있다는 것이다.『地璆略論』을 텍스트답게 하는 장치는 주로 내용적인 측면인 응집성과 문답의 반복이라는 응결성에 의하여서인데 동시대의 다른 문헌들에 나타나는 표기 양상을 고려하면『地璆略論』의 텍스트성을 부정할 수 없다. 그 이유는 당시의 학부 편집국에서 간행된 책들이나 고종의 명에 의하여 간행된『過火存神諺解』등의 텍스트들에서 발견되는 혼란된 표기의 양상을『地璆略論』이 공유하고 있기 때문이다. 즉『地璆略論』자체만을 보면 단모음과 'ㅣ' 선행모음이 혼용된다든지, 연철, 중철 표기가 혼용되어 나타난다든지, '아프리짜'와 '아프리빠'가 함께 나타난다든지 하는 것들은 모두 응결성을 저해하는데 동시대의 다른 텍스트에서도 이러한 특징들이 나타나고 있는 것이다.

　간텍스트성을 논함에 있어서는 많은 과제를 남겼다. 이에 대한 해결은 후고를 기대한다.

참고 문헌

고영근(1995), 윤선도 <五友歌>의 텍스트 분석,『李基文敎授停退任紀念論文集』,
　　　　신구문화사: 27-44

고영근(1999), 텍스트 이론 - 언어문학통합론의 이론과 실제, 아르케.

고영근(2001), 혼불과 텍스트성 판정의 문제 - 언어문화와 관련하여 - , 제1회 혼불문
　　　　학제 발표원고: 115-130.

고영근 밖에(2001),『한국텍스트과학의 제과제』, 도서출판 亦樂.

고영근(2002), 문법과 텍스트과학,『문법과 텍스트』, 서울대출판부: 3-28

박금자(2000),『月印千江之曲』의 간텍스트성, 텍스트언어학8,: 25-56.

박금자(2003), 월인천강지곡의 저경과 간텍스트성,『월인천강지곡의 텍스트 분석』,
　　　　집문당:32-47.

반다이크(1980)/정시호 역(1995),『텍스트학』, 민음사.

보그란데·드레슬러(Robert-Alain de Beaugrande·Wolfgang Dressler)(1981)/김태옥·이
　　　　현호(역)(1991/1995),『텍스트언어학 입문(Introduction to Textlinguistic
　　　　s)』, 양영각/한신문화사.

파터(H.Vater)(1994)/이성만(역)(1995),『텍스트언어학 입문(Einführung in die Textlin-
　　　　guistik)』, 한국문화사.

윤석민(2003), 월인천강지곡의 텍스트성,『월인천강지곡의 텍스트 분석』, 집문당:
　　　　20-31.

이종국(2001),『한국의 교과서 출판 변천 연구』, 일진사.

허재영(2002), 근대 계몽기의 어문 정책, 국어교육연구10: 97-149.

디구략론地璆略論[9]

<1장>[10]

001문(問) 디구(地璆)가 무슴 모양(貌樣)이뇨 ○ 답(答) 둥근 모양(貌樣)이니라
002문(問) 디구(地璆)가 안졍(安靜)[움작이지 안는 형形용容]ᄒᆞᄂᆞ뇨 ○ 답(答) 디구
        (地璆)가 날마다 ᄒᆞᆫ 번식 도ᄂᆞ니라
003문(問) 디구(地璆)가 돌면 엇지 되ᄂᆞ뇨 ○ 답(答) 낫(晝)과 밤(夜)이 되ᄂᆞ니라
004문(問) 엇지ᄒᆞ여 낫(晝)과 밤(夜)이 되ᄂᆞ뇨 ○ 답(答) ᄯᆞ히 희롤 디(對)ᄒᆞ면 낫
        (晝)이 되고 희를 등지면 밤(夜)이 되ᄂᆞ니라
005문(問) 쥬회(周廻)가 얼마나 되ᄂᆞ뇨 ○ 답(答) 칠만오쳔리(七萬五千里) 되ᄂᆞ니라
006문(問) 디구(地璆) 우희 무어시 잇ᄂᆞ뇨 ○ 답(答) 물(水)과 흙(陸)이 잇ᄂᆞ니라
007문(問) 흙(陸)이 만흐뇨 물(水)이 만흐뇨 ○ 답(答) 물(水)은 삼분지이(三分之二)
        오 흙(陸)은 삼분지일(三分之一)이니 물이 만흐니라
008문(問) 물 만히 모힌 디가 무어시뇨 ○ 답(答) 대양(大洋)이라 ᄒᆞᄂᆞ니라
009문(問) 대양(大洋)이 몃치나 되ᄂᆞ뇨 ○ 답(答) 다숫시니라
010문(問) 닐ᄏᆞ롬 무어시뇨 ○ 답(答) 태평양(太平洋)과 대셔양(大西洋)과 인도양(印
        度洋)과 북빙양(北氷洋)과 남빙양(南氷洋)이니라
011문(問) 다숫 대양즁(大洋中)에 어디가 뎨일(第一) 크뇨 ○ 답(答) 태평양(太平洋)
        이 뎨일(第一) 크니라
012문(問) 태평양(太平洋)이 넓기가 몃 리(里)뇨 ○ 답(答) 이만ᄉᆞ쳔리(二萬四千里)
        되ᄂᆞ니라
013문(問) 길이ᄂᆞᆫ 몃 리(里)뇨 ○ 답(答) 이만칠쳔리(二萬七千里) 되ᄂᆞ니라

<2장>

014문(問) 물 가온디 잇는 ᄯᅡ히 무어시뇨 ○ 답(答) 셤이니라
015문(問) 디구(地璆)가 몃 디방(地方)에 분별(分別)되엿ᄂᆞ뇨 ○ 답(答) 여숫세 분별
        (分別)되엿ᄂᆞ니라
016문(問) 디방(地方) 일홈이 무어시뇨 ○ 답(答) 아셔아(亞西亞)와 유롭프(歐羅巴)
        와 아프리까(亞非利加)와 오스틀렐랴(澳大利亞)와 남아미리까(南亞米利
        加)와 북아미리까(北亞米利加)니라

---

9) 원문에서 한자는 세로쓰기 한 국문의 왼쪽에 나란하게 제시되어 있는데 여기에서는
   괄호 안에 넣었다.
10) '문(問)'과 '답(答)'이 두 장에 걸쳐 나타날 때는 이를 나누지 않고 '문(問)'을 중심
   으로 장차를 표시했다. 그리고 '001-200'의 번호는 필자가 붙인 것이다.

017문(問) 동편(東偏)에는 엇던 디방(地方)이 잇느뇨 ○ 답(答) 아셔아(亞西亞)와 유
롭프(歐羅巴)와 아프리까(亞非利加)와 오스틀럴라(澳大利亞)니라

018문(問) 셔편(西偏)에는 엇던 디방(地方)이 잇느뇨 ○ 답(答) 남아미리까(南亞米利
加)와 븍아미리까(北亞米利加)니라

019문(問) 여슷 디방중(地方中)에 엇던 디방(地方)이 크뇨 ○ 답(答) 아셔아(亞西亞)
가 크니라

020문(問) 여슷 디방중(地方中)에 엇던 디방(地方)이 젹으뇨 ○ 답(答) 오스틀럴랴
(澳大利亞)가 젹으니라

021문(問) ᄯᅡ 깁흔 더 모히는 물이 무어시라 ᄒᆞᄂᆞ뇨○ 답(答) 못시라 ᄒᆞᄂᆞ니라

022문(問) 물 만히 흘너가는 더롤 무어시라 ᄒᆞᄂᆞ뇨 ○ 답(答) 강(江)이라 ᄒᆞᄂᆞ니라

023문(問) 됴션국(朝鮮國)이 엇던 ᄯᅡ에 잇느뇨 ○ 답(答) 아셔아(亞西亞) ᄯᅡ 동편(東
偏)에 잇느니라

<3장>

024문(問) 아셔아(亞西亞) 동편(東偏)에 엇던 대양(大洋)이 잇느뇨 ○ 답(答) 태평양
(太平洋)이란 바다가 잇느니라

025문(問) 아셔아(亞西亞) 남편(南偏)에 엇던 대양(大洋)이 잇느뇨 ○ 답(答) 인도양
(印度洋)이란 바다가 잇느니라

026문(問) 아셔아(亞西亞) 븍편(北偏)에 엇던 대양(大洋)이 잇느뇨 ○ 답(答) 븍빙양
(北氷洋)이란 바다가 잇느니라

027문(問) 아셔아(亞西亞) 셔편(西偏)에 엇던 ᄯᅡ히 잇느뇨 ○ 답(答) 유롭프(歐羅巴)
란 ᄯᅡ히 잇느니라

028문(問) 아셔아(亞西亞) 셔남간(西南間)에 엇던 ᄯᅡ히 잇느뇨 ○ 답(答) 아프리까
(亞非利加)란 ᄯᅡ히 잇느니라

029문(問) 아셔아(亞西亞) 동남(東南) 바다 밧긔 엇던 ᄯᅡ히 잇느뇨 ○ 답(答) 오스
틀럴랴(澳大利亞) ᄯᅡ히 잇느니라

030문(問) 됴션(朝鮮) 동편(東偏) 바다 밧긔 엇던 나라히 잇느뇨 ○ 답(答) 아라사국
(俄羅斯國)이 잇느니라

031문(問) 됴션(朝鮮) 븍간(北間)에 엇던 나라히 잇느뇨 ○ 답(答) 쳥국(淸國)이 잇
느니라

032문(問) 됴션(朝鮮) 셔남(西南)에와 동븍(東北)에는 어디가 되느뇨 ○ 답(答) 태평
양(太平洋)이 되느니라

<4장>

033문(問) 됴션(朝鮮) 디방이 멋리뇨 ○ 답(答) 남븍(南北)은 삼쳔리(三千里)오 동셔

(東西)는 구빅리(九百里)니라

034문(問)　됴션(朝鮮)에 몃 도(道)가 잇느뇨 ○ 답(答) 팔도(八道)가 잇느니라

035문(問)　동편(東偏)에 무슴 도(道)가 잇느뇨 ○ 답(答) 강원도(江原道)가 잇느니라

036문(問)　셔편(西偏)에 무슴 도(道)가 잇느뇨 ○ 답(答) 경긔도(京畿道)와 황희도(黃海道)가 잇느니라

037문(問)　남편(南偏)에 무슴 도(道)가 잇느뇨 ○ 답(答) 츙쳥도(忠淸道)와 젼라도(全羅道)가 잇느니라

038문(問)　동남편(東南偏)에 무슴 도(道)가 잇느뇨 ○ 답(答) 경상도(慶尙道)가 잇느니라

039문(問)　북편(北偏)에 무슴 도(道)가 잇느뇨 ○ 답(答) 함경도(咸鏡道)가 잇느니라

040문(問)　셔북간(西北間에) 무슴 도(道)가 잇느뇨 ○ 답(答) 평안도(平安道)가 잇느니라

041문(問)　됴션(朝鮮)에 쥬산(主山)이 무슴 산(山)이뇨 ○ 답(答) 빅두산(白頭山)이 쥬산(主山)이니라

042문(問)　빅두산(白頭山)이 어느 고을에 잇느뇨 ○ 답(答) 함경도(咸鏡道) 무산(茂山) 고을에 잇느니라

043문(問)　됴션(朝鮮)에 무슴 큰 못시 잇느뇨 ○ 답(答) 빅두산(白頭山)에 대지(大池)가 잇느니라

045문(問)　그 못 쥬회(周廻)가 몃리뇨 ○ 답(答) 칠십리(七十里) 되느니라

<5장>

046문(問)　그 즁 산(山) 만흔 디가 어디뇨 ○ 답(答) 함경도(咸鏡道)와 강원도(江原道)니라

047문(問)　감영(監營)이 무어시뇨 ○ 답(答) 감ᄉ(監司) 잇는 영문이니라

048문(問)　감ᄉ(監司)가 무어슬 ᄒᆞ느뇨 ○ 답(答) 각(各) 고을 원에 올히ᄒᆞ며 그릇홈을 술피고 빅셩(百姓)을 다ᄉᆞ리느니라

049문(問)　영문(營門)이 무어시뇨 ○ 답(答) 군ᄉ와 물을 기르고 병긔(兵器)를 다ᄉᆞ리는 곳시라

050문(問)　원은 무어시뇨 ○ 답(答) 각(各) 고을에 잇는 관쟝(官長)이니 목ᄉ(牧使)와 부ᄉ(府使)와 군슈(郡守)와 현령(縣令)과 현감(縣監)이니라

051문(問)　관쟝(官長)이 각각(各各) 무어슬 ᄒᆞ느뇨 ○ 답(答) 나라 부셰(賦稅)를 밧아드리고 빅셩(百姓)을 다ᄉᆞ리느니라

052문(問)　함경도(咸鏡道) 북편(北偏)에 잇는 강(江)이 무어시뇨 ○ 답(答) 두만강(豆滿江)이 잇나니라

053문(問) 두만강(豆滿江)이 어더 물이 어더로 흐르느뇨 ○ 답(答) 빅두산(白頭山)
　　　　　물이 강(江) 되여 동히(東海)로 흐르느니라
054문(問) 함경도(咸鏡道)에 무슴 포구(浦口) 잇느뇨 ○ 답(答) 원산포(元山浦) 잇스
　　　　　니 기항(開港)혼 포구(浦口)니라
055문(問) 함경도(咸鏡道)에 감영(監營)이 어느 고을에 잇느뇨 ○ 답(答) 함흥부(咸
　　　　　興府)에 잇느니라
056문(問) 함흥(咸興)이 서울셔 멋 리(里)뇨 ○ 답(答) 팔빅열리(八百十里)니라

<6장>
057문(問) 함경도(咸鏡道) 병영(兵營)이 어더 잇느뇨 ○ 답(答) 북쳥(北靑) 고을에
　　　　　병영(兵營)이 잇느니라
058문(問) 함경도(咸鏡道)에 고을이 멋치뇨 ○ 답(答) 이십수읍(二十四邑) 되느니라
059문(問) 함경도(咸鏡道) 소산(所産)이 무어시뇨 ○ 답(答) 립쌀은 귀(貴)ᄒ고 셔쇽
　　　　　(黍粟)이 만흐며 뵈(麻布)와 모물(毛物)과 싱션(生鮮)과 금(金)과 구리(赤
　　　　　銅)가 나느니라
060문(問) 함경도(咸鏡道)에 일홈난 곳이 어더뇨 ○ 답(答) 경흥(慶興)에 젹디(赤池)
　　　　　와[붉은 못] 안변(安邊)에 큰 호슈(湖水) 잇스니 쥬회(周廻)가 삼십리(三
　　　　　十里)오 스면(四面) 빅사쟝(白沙場)에 히당화(海棠花) ᄀ득ᄒ니라
061문(問) 함경도(咸鏡道)에 큰 령(領)이 멋치뇨 ○ 답(答) 마텬령(摩天領)과 마운령
　　　　　(摩雲領)과 함관령(咸關領)이 잇고 다른 령(領)도 만호니라
062문(問) 강원도(江原道)에 무슴 산(山)이 잇느뇨 ○ 답(答) 강릉(江陵) 고을에 오
　　　　　디산(五臺山)과 회양(淮陽) 고을에 금강산(金剛山)이 잇느니라
063문(問) 강원도(江原道)에 무슴 강(江)이 잇느뇨 ○ 답(答) 쇼양강(昭陽江)이 잇느
　　　　　니라
064문(問) 소양강(昭陽江)이 어더셔 흐르느뇨 ○ 답(答) 금강산(金剛山) 뒤희셔 흘
　　　　　너 한강(漢江)이 되느니라
065문(問) 강원도(江原道)에 감영(監營)이 어느 고을에 잇느뇨 ○ 답(答) 원쥬부(原
　　　　　州府)에 잇느니라
066문(問) 원쥬(原州)가 셔울셔 멋 리(里)뇨 ○ 답(答) 이빅사십리(二百四十里) 되느
　　　　　니라

<7장>
067문(問) 강원도(江原道)에 병슈영(兵水營)이 잇느뇨 ○ 답(答) 산협(山峽)인고로
　　　　　병영(兵營)과 수영(水營)이 업느니라

068문(問) 강원도(江原道)에 고을이 몃치뇨 ○ 답(答) 이십륙읍(二十六邑) 되느니라
069문(問) 강원도(江原道)에 소산(所産)이 무어시뇨 ○ 답(答) 립쌀은 젹고 셔속(黍粟)과 감ᄌ(甘蔗)와 빅쳥(白淸)이 만흐며 모물(毛物)과 인삼(人蔘)과 담비(淡巴姑)가 나느니라
070문(問) 강원도(江原道)에 무슴 셤이 잇느뇨 ○ 답(答) 울릉도(鬱陵島)와 우산도(芋山島)란 큰 셤이 잇고 젹은 셤도 잇느니라
071문(問) 강원도(江原道)에 일홈난 곳이 어듸뇨 ○ 답(答) 금강산(金剛山)과 령동(嶺東)[대大관關령嶺 동東편偏니라] 아홉 고을에 각각(各各) 경치(景致)가 됴흐니라
072문(問) 경샹도(慶尙道)에 감영(監營)이 어느 고을에 잇느뇨 ○ 답(答) 대구부(大邱府)에 잇느니라
073문(問) 경샹도(慶尙道)에 고을이 몃치뇨 ○ 답(答) 칠십일읍(七十一邑) 되느니라
074문(問) 경샹도(慶尙道)에 병슈영(兵水營)이 몃치뇨 ○ 답(答) 울산(蔚山) 좌병영(左兵營)과 진쥬(晉州) 우병영(右兵營)과 동릭(東萊) 슈영(水營)과 고셩(固城) 통졔영(統制營)[통統제制ᄉ使가 잇서 경慶샹尙 젼全라羅 츙忠쳥淸 삼三도道 슈水군軍을 거느리니라]이 잇느니라
075문(問) 대구(大邱)가 셔울셔 몃리뇨 ○ 답(答) 륙빅칠십리(六百七十里)니라
076문(問) 경샹도(慶尙道)에 무슴 셤이 잇느뇨 ○ 답(答) 남히(南海)셤과 거졔(巨濟)셤이 잇고 젹은 셤도 만흐니라
077문(問) 경샹도(慶尙道)에 소산(所産)이 무어시뇨 ○ 답(答) 오곡(五穀)과 목포(木布)와 슈졍(水晶)과 어물(魚物)과 실과(實果)와 금(金)과 구리(赤銅)가 나느니라

<8장>
078문(問) 경샹도(慶尙道)에 일홈난 곳이 어듸뇨 ○ 답(答) 진쥬(晉州) 쵹셕루(矗石樓)와 밀양(密陽) 령남루(嶺南樓)와 의셩(義城) 빙암(氷巖)[산山이 놉고 고을이 깁허 녀름에도 어름이 잇느니라]과 의흥(義興) 풍혈(風穴)[깁흔 굴에셔 바롬이 대단이 나오느니라]이 잇느니라
079문(問) 젼라도(全羅道)에 무슴 산(山)이 잇느뇨 ○ 답(答) 젹샹산셩(赤裳山城)[무茂주朱 고을에 잇사니 바위가 셩 ᄀᆞ치 되엿느니라]과 지리산(智異山)[구求례禮 고을]이 잇고 김만경(金萬頃) 큰 들이[아홉 고을이 혼 들에 잇느니라] 잇느니라
080문(問) 젼라도(全羅道)에 무슴 강(江)이 잇느뇨 ○ 답(答) 둑겁강(蟾蜍江)이 잇스니 젼쥬(全州)셔 흘너 남히(南海)로 드러가느니라

081문(問) 전라도(全羅道)에 무슴 포구(浦口) 잇느뇨 ○ 답(答) 군산포(群山浦)[옥沃
구溝 고을]와 법셩포(法聲浦)[령靈광光 고을]가 잇고 적은 포구(浦口)도
만흐니라
082문(問) 전라(全羅) 감영(監營)이 어느 고을에 잇느뇨 ○ 답(答) 전쥬부(全州府)에
잇느니라
083문(問) 전라도(全羅道)에 병슈영(兵水營)이 어느 고을에 잇느뇨 ○ 답(答) 강진
(康津) 병영(兵營)과 순쳔(順天) 좌슈영(左水營)과 히남(海南) 우슈영(右
水營)이 잇느니라
084문(問) 전라도(全羅道)에 고을이 몃치뇨 ○ 답(答) 오십륙읍(五十六邑)이니라
085문(問) 전쥬(全州)가 셔울셔 몃 리뇨 ○ 답(答) 오빅리(五百里) 되느니라
086문(問) 전라도(全羅道)에 소산(所産)이 무어시뇨 ○ 답(答) 립쌀과 쥭긔(竹器)와
빅목(白木)과 칠긔(漆器)와 쥭렴(竹簾)과 붓치와 강건(絹巾)과 어물(魚物)
과 소금과 죠의와 금(金)이 나느니라

<9장>

089문(問) 전라도(全羅道)에 무슴 셤이 잇느뇨 ○ 답(答) 졔쥬(濟州)란 큰 셤과 진
도(診島)란 셤과 적은 셤도 만흐니라
090문(問) 졔쥬(濟州)가 셔울셔 몃 리(里)나 되느뇨 ○ 답(答) 륙디(陸地)가 쳔리(千
里)오 슈로(水路)가 구빅칠십리(九百七十里)니라
091문(問) 졔쥬(濟州) 디방(地方)이 몃 리(里)뇨 ○ 답(答) 삼빅리(三百里) 되느니라
092문(問) 졔쥬(濟州)에 무슴 산(山)이 잇느뇨 ○ 답(答) 한라산(漢拏山)이란 큰 산
(山)이 잇느니라
093문(問) 졔쥬(濟州)에 소산(所産)이 무어시뇨 ○ 답(答) 귤(橘)과 몰(馬)과 어물(魚
物)과 쥭긔(竹器)가 만히 나되 곡식(穀食)이 귀(貴)ᄒ니라
094문(問) 츙쳥도(忠淸道)에 무슴 산이 잇느뇨 ○ 답(答) 계룡산(鷄龍山)[진鎭잠岑
고을]과 쇽리산(俗離山)[보報은恩 고을]과 다른 산(山)도 만히 잇느니라
095문(問) 츙쳥도(忠淸道)에 무슴 강(江)이 잇느뇨 ○ 답(答) 금강(錦江)[공公쥬州
감監영營]과 빅마강(白馬江)[부扶여餘 고을]이 잇느니라
096문(問) 금강(錦江)이 어디셔 흐르느뇨 ○ 답(答) 전라도(全羅道) 마이산(馬耳山)
[진鎭안安 고을] 물이 금강(錦江) 되여 빅마강(白馬江)으로 통(通)ᄒ여
셔히(西海)로 흐르느니라
097문(問) 츙쳥도(忠淸道)에 감영(監營)이 어느 고을에 잇느뇨 ○ 답(答) 공쥬부(公
州府)에 잇느니라
098문(問) 츙쳥도(忠淸道)에 병슈영(兵水營)이 몃치뇨 ○ 답(答) 쳥쥬(淸州_ 병영(兵

營)과 보령(保寧) 슈영(水營)이 잇느니라

<10장>

099문(問) 츙쳥도(忠淸道)에 고을이 몃치뇨 ○ 답(答) 오십스읍(五十四邑) 되느니라

100문(問) 츙쳥도(忠淸道)에 무슴 포구(浦口) 잇느뇨 ○ 답(答) 강경(江鏡)[은恩진津
고을]이란 큰 포구(浦口) 잇고 적은 포구(浦口)도 만흐니라

101문(問) 츙쳥도(忠淸道)에 무슴 셤이 잇느뇨 ○ 답(答) 안면도(安眠島)란 큰 셤이
잇고 적은 셤도 만흐니라

102문(問) 공쥬(公州)가 셔울셔 몃 리(里)뇨 ○ 답(答) 삼빅리(三百里) 되느니라

103문(問) 츙쳥도(忠淸道)에 소산(所産)이 무어시뇨 ○ 답(答) 오곡(五穀)과 문영과
뵈(布)와 모시와 죠희와 디쵸(大棗)가 나느니라

104문(問) 츙쳥도(忠淸道)에 일홈난 곳이 어디뇨 ○ 답(答) 룡연(龍淵)[진鎭잠岑 고
을]과 의림지(義林池)[졔堤쳔川 고을]와 화양동(華陽洞)[쳥淸쥬州 고을]
과 거복바외(龜巖)[단丹양陽 고을]가 잇느니라

105문(問) 경긔도(京畿道)에 무슴 산(山)이 잇느뇨 ○ 답(答) 삼각산(三角山)[경京산
山]과 오관산(五冠山)[송松도都 고을]과 관악산(冠岳山)[과果쳔川 고을]
과 룡문산(龍門山)[양陽근根 고을]과 남한산셩(南漢山城)[광廣쥬州 고을]
과 북한산셩(北漢山城)[경京산山]이 잇느니라

106문(問) 경긔도(京畿道)에 무슴 강(江)이 잇느뇨 ○ 답(答) 오강(五江)[한漢강江
룡龍산山 삼麻기浦로露 돌梁셔西강江]이 잇고 또 림진강(臨津江)[파坡
쥬州 고을]이 잇느니라

107문(問) 오강(五江)이 어디셔 흐르느뇨 ○ 답(答) 츙쳥도(忠淸道) 쇽리산(俗離山)
물과 강원도(江原道) 오디산(五臺山) 물과 금강산(金剛山) 물이 합(合)ᄒ
여 한강(漢江)되야 팔미도(八尾島)로 흐르느니라

108문(問) 림진강(臨津江)은 어디셔 흐르느뇨 ○ 답(答) 강원도(江原道) 텰령(鐵嶺)
물이 합슈(合水)ᄒ여 림진강(臨津江) 되야 셔히(西海)로 흐르느니라

<11장>

109문(問) 남한산셩(南漢山城)과 북한산셩(北漢山城)에 무어시 잇느뇨 ○ 답(答) 남
한산셩(南漢山城)은 광쥬읍니(廣州邑內)오 또 총셥(總攝)과 승군(僧軍)이
잇고 북한산셩(北漢山城)에도 총셥(總攝)과 승군(僧軍)이 잇느니라

110문(問) 총셥(總攝)이 무어시뇨 ○ 답(答) 승군(僧軍)을 거느리고 산셩(山城)을 직
희는 장슈[즁의 벼술이라]니라

111문(問) 경긔(京畿) 감영(監營)이 어느 고을에 잇느뇨 ○ 답(答) 양쥬(楊洲) 쏘희

잇ᄂ니라[경京긔畿감監영營이 셔울 새문 밧긔니 양楊쥬州에 붓친 ᄯ희니라]

112문(問) 경긔도(京畿道)에 병슈영(兵水營)이 잇ᄂ뇨 ○ 답(答) 병영(兵營)은 본더 업고 교동(喬桐) 슈영(水營)이 파(罷)ᄒ엿ᄂ니라

113문(問) 경긔도(京畿道)에 류슈(留守)가 멷치뇨 ○ 답(答) 오도(五道) 류슈(留守)니라

114문(問) 오도(五道) 류슈(留守)가 어ᄂ 고을에 잇ᄂ뇨 ○ 답(答) 광쥬(廣州)와 슈원(水原)과 긔셩(開城)과 강화(江華)와 츈쳔(春川)이니라

115문(問) 류슈(留守)가 무어슬 ᄒᄂ뇨 ○ 답(答) 감ᄉ(監司)와 ᄀᆞᆺᄒ나 힝궁(行宮)과 셩(城을) 딕희여 보리(保釐)ᄒᄂ니라[보保리釐ᄂ 편안이 다스리ᄂ 것시라]

116문(問) 경긔도(京畿道)에 고을이 멷치뇨 ○ 답(答) 삼십륙읍(三十六邑) 되ᄂ니라

117문(問) 경긔도(京畿道)에 무슴 포구(浦口) 잇ᄂ뇨 ○ 답(答) 제물포(濟物浦)[인仁쳔川 ᄯ] 잇ᄉ니 긔항(開港)ᄒ 포구(浦口)요 마산포(馬山浦)[남南양陽 ᄯ]와 문산포(文山浦)[파坡쥬州 ᄯ]가 잇고 적은 포구(浦口)도 만ᄒ니라

118문(問) 경긔도(京畿道)에 소산(所産)이 무어시뇨 ○ 답(答) 오곡(五穀)과 인삼(人蔘)과 사긔(砂器)와 각식(各色) 실과(實果)와 어렴(魚鹽)이 나ᄂ니라

<12장>

119문(問) 경긔도(京畿道)에 무슴 셤이 잇ᄂ뇨 ○ 답(答) 강화(江華)란 큰 셤과 교동(喬桐)셤과 적은 셤이 만히 잇ᄂ니라

120문(問) 강화(江華)에 무슴 산(山)이 잇ᄂ뇨 ○ 답(答) 마리산(摩尼山)과 뎡죡산셩(鼎足山城)이 잇ᄂ니라

121문(問) 강화(江華) 디방(地方)이 멷 리(里)뇨 ○ 답(答) 기리ᄂ 칠십리(七十里)오 넓이ᄂ 삼십리(三十里)니라

122문(問) 강화(江華)에 소산(所産)이 무어시뇨 ○ 답(答) 오곡(五穀)과 실과(實果)와 어렴(魚鹽)과 ᄌᆞ리[문紋셕席]가 나ᄂ니라

123문(問) 강화(江華)가 셔울서 멷 리(里)뇨 ○ 답(答) 일뵉이십리(一百二十里)니라

124문(問) 황희도(黃海道)에 무슴 산(山)이 잇ᄂ뇨 ○ 답(答) 슈양산(首陽山)[희海쥬州 ᄯ]과 구월산(九月山)[문文화化 ᄯ]이 잇고 다른 산도 만ᄒ니라

125문(問) 황희도(黃海道)에 무슴 강(江)이 잇ᄂ뇨 ○ 답(答) 월당강(月當江)과 후셔강(後西江)이 잇ᄂ니라

126문(問) 휴셔강(後西江)이 어디셔 흐르ᄂ뇨 ○ 답(答) 언진산(彦鎭山)[슈遂안安 ᄯ] 아래셔 흘너 연평(延平) 바다로 드러가ᄂ니라

127문(問) 황희(黃海) 감영(監營)이 어ᄂ 고을에 잇ᄂ뇨 ○ 답(答) 희쥬부(海州府)에

잇느니라

128문(問) 황히도(黃海道)에 병슈영(兵水營)이 몃치뇨 ○ 답(答) 황쥬(黃州) 병영(兵營)과 옹진(甕津) 슈영(水營)이 잇느니라

<13장>

129문(問) 황히도(黃海道)에 고을이 몃치뇨 ○ 답(答) 이십삼읍(二十三邑) 되느니라

130문(問) 히쥬(海州)가 셔울셔 몃 리뇨 ○ 답(答) 삼빅팔십리(三百八十里)니라

131문(問) 황히도(黃海道)에 무슴 셤이 잇느뇨 ○ 답(答) 빅령(白翎)셤과 연평(延平)셤이 잇고 적은 셤도 만흐니라

132문(問) 황히도(黃海道)에 무슴 포구(浦口) 잇느뇨 ○ 답(答) 라진포(羅陳浦)[연延안安 짜]가 잇고 적은 포구(浦口)도 만흐니라

133문(問) 황히도(黃海道)에 소산(所産)이 무어시뇨 ○ 답(答) 립쌀은 적고 잡곡(雜穀)이 만흐며 담비(淡巴妓)와 숙디황(熟地黃)과 검금(黔金)이 나느니라

134문(問) 황히도(黃海道)에 일홈난 곳이 어듸뇨 ○ 답(答) 월파루(月波樓)[황黃쥬州 고을]와 부용당(芙蓉堂)[히海쥬州 고을]과 와룡지(臥龍池)[연延안安 고을]와 연지(蓮池)[쟝長련蓮 고을에 잇는 못]와 빅사뎡(白沙汀)[쟝長연蓮 짜에 명明사沙십十리里]이 잇느니라

135문(問) 평안도(平安道)에 무슴 산이 잇느뇨 ○ 답(答) 묘향산(妙香山)[녕寧변邊 고을]과 구룡산(九龍山)[평平양壤 고을]과 룡골산(龍骨山)[룡龍쳔川 짜]이 잇고 다른 산(山)도 만흐니라

136문(問) 평안도(平安道)에 무슴 강(江)이 잇느뇨 ○ 답(答) 대동강(大洞江)[평平양壤 고을]과 불류강(佛流江)[셩成쳔川 짜]과 웅셩강(熊成江)[삼三등登 고을]과 압록강(鴨綠江)[의義쥬州 짜]이 잇느니라

137문(問) 대동강(大洞江)이 어듸셔 흐르느뇨 ○ 답(答) 함경도(咸鏡道) 물은 불류강(佛流江) 되고 황히도(黃海道) 물은 웅셩강(熊成江) 되여 대동강(大洞江)의 합(合)ᄒ여 결량히(決梁海)로 흐르느니라

<14장>

138문(問) 압록강(鴨綠江)은 어듸셔 흐르느뇨 ○ 답(答) 함경도(咸鏡道) 빅두산(白頭山) 셔편(西偏) 물이 혼돈강(混沌江)[쟝長진津 짜] 되여 압록강(鴨綠江)으로 통ᄒ여 셔히(西海)로 흐르느니라

139문(問) 압록강(鴨綠江) 건너가 어듸뇨 ○ 답(答) 구련셩(九連城)이니 쳥국(淸國) 건쥬(建州) 짜히 되느니라

140문(問) 평안도(平安道)에 감영(監營)이 어느 고을에 잇느뇨 ○ 답(答) 평양부(平

壤府)에 잇느니라

141문(問) 평안도(平安道)에 병슈영(兵水營)이 몃치뇨 ○ 답(答) 안쥬(安州) 병영(兵營)이 잇고 슈영(水營)은 업느니라

142문(問) 평안도(平安道)에 고을이 몃치뇨 ○ 답(答) 수십수읍(四十四邑) 되느니라

143문(問) 평양(平壤)이 셔울셔 몃 리뇨 ○ 답(答) 오빅오십리(五百五十里)니라

144문(問) 평안도(平安道)에 무슴 셤이 잇느뇨 ○ 답(答) 신미도(新尾島)와 셕골도(石骨島)란 큰 셤이 잇고 적은 셤도 만흐니라

145문(問) 평안도(平安道)에 소산(所産)이 무어시뇨 ○ 답(答) 립쌀은 적고 잡곡(雜穀)이 만흐며 면쥬(綿紬)와 담비(淡巴姑)와 옥(玉)돌과 금(金)과 인삼(人蔘)과 셕탄(石炭)이 나느니라

146문(問) 평안도(平安道)에 일홈난 곳이 어디뇨 ○ 답(答) 련광뎡(練光亭)[평平양壤]과 부벽루(浮碧樓)[평平양壤]와 약산동디(藥山東臺)[녕寧변邊 따]와 통군뎡(統軍亭)[의義쥬州]이 잇느니라

147문(問) 됴션(朝鮮) 팔도(八道)에 인구수(人口數)가 얼마나 되느뇨 ○ 답(答) 륙죠오억여 만명(六兆五億餘萬名) 되느니라

<15장>

148문(問) 쳥국(淸國)이 어디잇느뇨 ○ 답(答) 아셔아(亞西亞) 동편(東偏)에 잇느니라

149문(問) 쳥국(淸國) 셔울 일홈이 무어시뇨 ○ 답(答) 북경(北京)이라 ᄒ느니라

150문(問) 쳥국(淸國)에 몃 도가 잇느뇨 ○ 답(答) 이십삼셩(二十三省)이 잇느니라

151문(問) 쳥국(淸國)에 무슴 산(山이) 잇느뇨 ○ 답(答) 곤륜산(崑崙山)이란 큰 산(山)이 잇고 다른 산(山)도 마흐니라

152문(問) 쳥국(淸國)에 무슴 강(江)이 잇느뇨 ○ 답(答) 두 큰 강(江)이 잇스니 ᄒ느흔 황ᄒ슈(黃河水)이오 ᄒ나흔 양즈강(楊子江)이니라

153문(問) 쳥국(淸國)에 항구(港口)[기開항港 포浦구口라]가 잇느뇨 ○ 답(答) 여러 항구(港口) 잇느니라

154문(問) 쳥국(淸國)에 무슴 호슈(湖水)가 잇느뇨 ○ 답(答) 두 큰 호슈(湖水)[물만이 모인 곳시오 못보다 큰 더라] 잇스니 ᄒ나흔 동경호(洞定湖)요 ᄒ나흔 핑려호(彭蠡湖)니라

155문(問) 쳥국(淸國)에 소산(所産)이 무어시뇨 ○ 답(答) 립쌀과 차(茶)와 금(金)과 옥(玉)과 비단(緞)과 각식(各色) 보퓌(寶貝) 만흐니라

156문(問) 쳥국(淸國)에 인구수(人口數)가 얼마나 되느뇨 ○ 답(答) 대강(大綱) 수빅죠(四百兆) 인구(人口) 되느니라

157문(問) 일본국(日本國0 디형(地形)이 엇더ᄒ뇨 ○ 답(答) 큰 셤이 셋시오 적은

섬도 만흐니라
158문(問) 일본(日本) 셔울 일홈이 무어시뇨 ○ 답(答) 동경(東京)이라 ᄒᆞᄂᆞ니라

<16장>
159문(問) 일본(日本)에 항구(港口)가 몃치뇨 ○ 답(答) 세 큰 항구(港口) 잇스니 ᄒᆞ
          나흔 요고하마(橫濱)요 ᄒᆞ나흔 쏘븨(神戶)요 ᄒᆞ나흔 나가사기니(長崎)요
          쏘 하고다뎨(函館)와 니가다(新瀉)란 두 항구(港口)가 잇ᄂᆞ니라
160문(問) 일본(日本)에 소산(所産)이 무어시뇨 ○ 답(答) 곡식(穀食)과 셕탄(石炭)과
          싱ᄉᆞ(生絲)와 단쇽(緞屬)과 미슐품(美術品)과 어물(魚物)이 나ᄂᆞ니라
161문(問) 일본(日本)에 경개(景槪)가 엇더ᄒᆞ뇨 ○ 답(答) 일본(日本)이 섬 중인 고
          로 각식(各色) 초목(草木)이 무셩(茂盛)ᄒᆞ고 아롬다온 산쳔(山川)이 만흐
          니라
162문(問) 인도국(印度國)이 어디 잇ᄂᆞ뇨 ○ 답(答) 아셔아(亞西亞) 남편(南偏)에 잇
          ᄂᆞ니라
163문(問) 인도국(印度國) 셔울 일홈이 무어시뇨 ○ 답(答) 갈갓다(葛茄多)라 ᄒᆞᄂᆞ
          니라
164문(問) 인도국(印度國)에 무ᄉᆞᆷ 유명ᄒᆞᆫ 강(江)이 잇ᄂᆞ뇨 ○ 답(答) 쫜지쓰(干支斯)
          란 강이 잇스되 빅셩(百姓)이 위ᄒᆞ여 제ᄉᆞ(祭祀)를 지내고 아희(兒孩)를
          제물(祭物)을 믿드러 그 강(江)에 넛ᄂᆞ니라
165문(問) 인도국(印度國)에 소산(所産)이 무어시뇨 ○ 답(答) 립쌀과 아편(阿片)과
          쪽과 각식(各色) 실과(實果)와 금(金)과 구리(赤銅)와 쇠(鐵)가 나ᄂᆞ니라
166문(問) 인도국(印度國)에 인구수(人口數)가 얼마나 되ᄂᆞ뇨 ○ 답(答) 大綱 이빅
          죠인명(二百兆人名) 되ᄂᆞ니라
167문(問) 인도국(印度國) 빅셩(百姓)의 품수(品數)가 네가지로 ᄂᆞ홈이 엇더ᄒᆞ뇨 ○
          답(答) 서로 혼인(婚姻)ᄒᆞ지 아니ᄒᆞ고 음식(飮食)과 거쳐(居處)를 ᄀᆞᆺ치 ᄒᆞ
          지 아니ᄒᆞᄂᆞ니라

<17장>
168문(問) 불도(佛道)가 어디셔 시작(始作)ᄒᆞ엿ᄂᆞ뇨 ○ 답(答) 인도국(印度國)에셔
          시작(始作)ᄒᆞ여 아셔아(亞西亞) 동편(東偏) 나라에 젼(傳)ᄒᆞ엿ᄂᆞ니라
169문(問) 아셔아(亞西亞) 븍편(北偏)에 엇던 나라히 잇ᄂᆞ뇨 ○ 답(答) 아라ᄉᆞ국(俄
          羅斯國) ᄯᆞ히 잇ᄂᆞ니라
170문(問) 녯날 유다국(猶太國)이 어디 잇셧ᄂᆞ뇨 ○ 답(答) 아셔아(亞西亞) 셔편(西
          偏)에 잇셧니라

171문(問) 유다(猶大國)이 엇지ᄒ여 업서젓ᄂ뇨 ○ 답(答) 유롭프(歐羅巴) 남편(南偏)에 로마(羅馬)란 나라의 멸(滅)홈되엿ᄂ니라

172문(問) 야소교(耶蘇敎)가 엇던 나라에셔 왓ᄂ뇨 ○ 답(答) 유다국(猶大國)에셔 시작(始作)ᄒ여 텬하만국(天下萬國)에 젼(傳)ᄒ엿ᄂ니라

173문(問) 아프리ᄭᅡ(亞非利加) 동편(東偏)에 무슴 대양(大洋)이 잇ᄂ뇨 ○ 답(答) 인도양(印度洋)이 잇ᄂ니라

174문(問) 아프리ᄭᅡ(亞非利加) 셔편에 무슴 대양이 잇ᄂ뇨 ○ 답(答) 대셔양(大西洋)이 잇ᄂ니라

175문(問) 아프리ᄭᅡ(亞非利加) 동북간(東北間)에 엇던 나라히 잇ᄂ뇨 ○ 답(答) 예지부도(埃及)란 나라히 잇ᄂ니라

176문(問) 녯날 예지부도(埃及)란 나라에셔 엇던 사름들이 종노릇 ᄒ엿ᄂ뇨 ○ 답(答) 이스레일(尼塞列) 사름의 죠상(祖上)이 종노릇하엿ᄂ니라

<18장>

177문(問) 예지부도(埃及)와 아셔아(亞西亞) ᄉ이에 무슴 유명(有名)ᄒ 바다가 잇ᄂ뇨 ○ 답(答) 홍희(紅海)란 바다가 잇ᄂ니라

178문(問) 홍희(紅海)에 무슴 유명(有名)ᄒ 일이 잇셔ᄂ뇨 ○ 답(答) 이스레일(尼塞列) 사름의 조상(祖上)이 예지부도(埃及)에셔 ᄶᅥ날 ᄶᅢ에 예지부도(埃及) 사름들이 급ᄒ게 잡으랴고 ᄯᅩᆺ칠시 하ᄂ님이 도으샤 바다가 ᄭᅳᆫ허져 륙디(陸地)가 되엿ᄂ니라

179문(問) 아프리ᄭᅡ(亞非利加) 북편(北偏)에 엇던 ᄯᅡ히 잇ᄂ뇨 ○ 답(答) 젹은 나르히 넷시오 그 밧긔 아프리ᄭᅡ(亞非利加) ᄯᅡ흔 만ᄒ되 야인(野人)들이 만히 잇ᄂ니라

180문(問) 유롭프(歐羅巴) 디방(地方)에 나라가 몃치뇨 ○ 답(答) 십구(十九) 나라히니 그 즁에 영국(英國)과 덕국(德國)과 법국(法國)과 아라ᄉ국(俄羅斯國)이 뎨일(第一)이니라

181문(問) 영국(英國) 셔울 일홈이 무어시뇨 ○ 답(答) 론던(論敦)이라 ᄒ느니라

182문(問) 론던(論敦)은 엇던 ᄯᅡ이뇨 ○ 답(答) 세계즁(世界中) 뎨일(第一) 큰 도부(都府)라 샹업(商業)으로 텬하즁심(天下中心)이 되고 인구(人口) ᄉ빅여만(四百餘萬)이 잇다 ᄒ느니라

183문(問) 영국(英國)의 소산(所産)이 무어시뇨 ○ 답(答) 쳘(鐵)과 쳘긔(鐵器)와 셕탄(石炭)과 비단문영 등믈(等物)과 기여(其餘) 원갓 공예(工藝) 믈건(物件)이 만타ᄒ느니라

<19장>

184문(問) 우리 쓰는 양목(洋木)은 영국(英國) 소산(所産)이라 ᄒᆞ니 그러ᄒᆞ뇨 ○ 답
(答) 영국(英國) 만제스다에셔 ᄧᆞ는 거시니라

185문(問) 법국(法國) 셔울 일홈이 무어시뇨 ○ 답(答) 파리(巴里)라 ᄒᆞᄂᆞ이라

186문(問) 파리(巴里)ᄂᆞᆫ 엇더호 ᄯᅵ이뇨 ○ 답(答) 샹업(商業)과 인구(人口) 만키ᄂᆞᆫ
론던(論敦)만 못 ᄒᆞ나 장엄미려(莊嚴美麗)로 우ᄂᆡ(宇內) 뎨일(第一)이라
각국(各國)의셔 유람(遊覽)ᄒᆞᄂᆞᆫ 자(者) 만흐니라

187문(問) 법국(法國)의 소산(所産)이 무어시뇨 ○ 답(答) 비단(緞)과 자긔(磁器)와
미쥬(美酒)가 뎨일(第一)이라 ᄒᆞᄂᆞ니라

188문(問) 덕국(德國) 셔울 일홈이 무엇시뇨 ○ 답(答) 빅림(伯林)이라 ᄒᆞᄂᆞ니라

189문(問) 아라스국(俄羅斯國) 셔울 일홈이 무어시뇨 ○ 답(答) 션도비다스버룽((聖
比得堡)이라 ᄒᆞᄂᆞ니라

190문(問) 유롭프(歐羅巴) 북편(北偏)에 엇던 대양(大洋)이 잇ᄂᆞ뇨 ○ 답(答) 북빙양
(北氷洋)이 잇ᄂᆞ니라

191문(問) 유롭프(歐羅巴) 셔편(西偏)에 엇던 대양(大洋)이 잇ᄂᆞ뇨 ○ 답(答) 대셔양
(大西洋)이 잇ᄂᆞ니라

192문(問) 남아미리ᄭᅡ(南亞米利加) 동편(東偏)에 엇던 대양(大洋)이 잇ᄂᆞ뇨 ○ 답
(答) 대셔양(大西洋)이 잇ᄂᆞ니라

193문(問) 남아미리ᄭᅡ(南亞米利加) 셔편(西偏)에 엇던 대양(大洋)이 잇ᄂᆞ뇨 ○ 답
(答) 태평양(太平洋)이 잇ᄂᆞ니라

194문(問) 븍아미리ᄭᅡ(北亞米利加)에 나라히 몃치뇨 ○ 답(答) 칠국(七國)이 잇고
ᄯᅩ 영국(英國)에 붓친 ᄯᅡ히 만흐니라

<20장>

195문(問) 그 즁(中)에 엇던 나라히 뎨일(第一)이뇨 ○ 답(答) 미국(美國)이 뎨일(第
一)이니라

196문(問) 븍아미리ᄭᅡ(北亞米利加) 북편(北偏)에 엇던 대양(大洋)이 잇ᄂᆞ뇨 ○ 답
(答) 북빙양(北氷洋)이 잇ᄂᆞ니라

197문(問) 오스를럴랴(澳大利亞) 디방(地方)이 엇던 나라에 붓쳣ᄂᆞ뇨 ○ 답(答) 영
국(英國)에 붓치엿ᄂᆞ니라

198문(問) 텬하각국(天下各國)에 칩고 더운 거시 엇더ᄒᆞ뇨 ○ 답(答) 디구(地璆) 가
온더가 뎨일(第一) 더웁고 디구(地璆) 남북(南北) 끗치 치우니라[디地구디
구璆 가온디ᄂᆞᆫ 젹赤도道가 갓가온 고로 더웁고 남南북北 끗 디地방方은
젹赤도道가 먼 고로 치우니라]

199문(問) 그 중 치운 짜에 사는 사룸들이 음식(飮食)과 거쳐(居處)룰 엇지 ᄒᆞᄂᆞ뇨
　　　　○ 답(答) 어름 집 짓고 즘승 잡아 먹고 그 가죽으로 옷 ᄒᆞ여 닙ᄂᆞ니라
200문(問) 텬하만국(天下萬國) 사룸들 모양(模樣)과 빗치 엇더ᄒᆞ뇨 ○ 답(答) 오식
　　　　(五色)이니 아셔아(亞西亞) 동편(東偏)은 누룬빗치요 아셔아(亞西亞) 남
　　　　(南)과 여러 셤은 검향빗치요 아프리짜(亞非利加)ᄂᆞᆫ 검은빗치요 유롭프
　　　　(歐羅巴)ᄂᆞᆫ 흰빗치요 북아미리짜(北亞米利加)ᄂᆞᆫ 붉근빗치니라[북北아亞
　　　　미米리利짜加 디地방方에 지至금今은 각各쳐處 사룸들이 사는 고로 붉
　　　　근빗 사룸만 잇지 아니ᄒᆞ니라]

디구(地球)략론죵地球略論終

수량 명사구 및 고유명사와 결합하는 접미사에 관한 연구

신 서 인

1. 서론

접미사의 기본적인 기능은 형태론적 단위에 결합하여 새로운 단어를 형성하는 것이다. 그런데 이러한 일반적인 접미사들과는 조금 다른 성격을 보이는 접미사가 있다. 다음에 보이는 접미사들은 명사 이외의 요소에 결합하는 접미사들로 이들이 결합한 전체가 하나의 단어를 형성한다고 할 수 없는 것들이다.

(1) 그는 12월 1일부로 본사로 발령이 났다.
(2) 주가는 800대에 머물렀다.
(3) 가. 사당행 열차가 지금 도착하고 있습니다.
　　나. 중국산 꽃게에서 납덩이가 발견되었다.
(4) 가. 그 사람 몇 년생이지? 1975년생이요.

나. 그 사람 어디 출신이지? 서울<u>생</u>이에요.
(5) 가. 이번 한일<u>전</u>에 사람들의 관심이 집중되고 있다.
나. 작년 대프랑스<u>전</u>에서 5 : 0으로 패배했던 기억이 떠올랐다.

(1~2)는 수량 명사구에 접미사가 결합한 경우이다. (1)은 숫자, 수사 혹은 수관형사와 단위성 의존명사의 결합에 접미사가 결합한 경우이고, (2)는 숫자에 직접 접미사가 결합하는 경우이다. (3)은 고유명사 다음에 접미사가 결합하는 경우이고, (4)는 수량 명사구나 고유명사 다음에 접미사가 결합하는 경우이다. (5)는 고유명사를 포함한 특이한 구성에 접미사가 결합하는 경우이다.

이러한 접미사들은 선행요소에 대해 강한 의존성을 가지고 명사적인 요소 뒤에만 결합한다는 점에서 접미사임에 틀림없지만, 이 과정이 새로운 단어를 형성하는 것이라고 볼 수는 없다. 이 글에서는 이러한 접미사의 특징을 살펴보고 그 유형을 분류하기로 한다.

2. 임시어와 임시어 형성 접미사

2.1. 임시어의 개념

수량 명사구와 고유명사에 결합하는 접미사와 여타 접미사의 차이를 드러내는 데 유용한 개념으로 송원용(2000)의 '임시어'를 들 수 있다. 송원용(2000)에서는 결합 과정이 공시적으로 생산성을 지니고 그 결합체가 저장되지 않는 단위를 위하여 임시어를 설정하고 임시어가 충족시켜야 하는 세 가지 조건을 제시하고 있다.

(6) 임시어의 정의
: 임시어란 통사적 원리를 지키기 않는 형태론적 구성으로서, 그 결합

이 매우 생산적이어서 어휘부에 저장되지는 않는 단어를 말한다.

(7) 임시어의 조건
   가. 그 결합이 통사적 원리를 따르지 않아야 한다.
   나. 매우 생산적으로 만들어질 수 있어야 한다.
   다. 어휘부에 저장되지 않아야 한다.

이러한 임시어의 설정은 형태론적 결합이 언제나 새로운 단어를 만들어내는 것은 아니라는 점을 지적하였다는 점에서 의의를 지닌다. 즉, 공시적인 단어 형성이 가능하다는 점을 임시어를 통해 포착한 것이다.

이 글에서 논의의 대상으로 삼는 수량 명사구와 접미사의 결합과 고유명사와 접미사의 결합은 임시어라는 개념으로 상당 부분 설명될 수 있다. 그 과정이 매우 생산적이며 형성 결과가 어휘부에 저장되지 않는다는 점에서 고유명사와 접미사의 결합체는 임시어라고 할 수 있다. 그러나 수량 명사구와 결합하는 접미사에 대해서는 위의 임시어 개념만으로는 설명하지 못하는 부분이 있다.

2.2. 임시어 형성 접미사 식별 기준에 대한 검토

송원용(2000)에서는 임시어를 형성하는 접사를 식별하는 기준을 (7)의 임시어의 조건에 의거하여 제시하고 있다.

(8) 임시어 형성 접사의 식별 기준
   가. 구와 결합하지 않아야 한다.
   나. 결합가능한 어기의 집합이 완전하게 열린 집합이어야 한다.
   다. 어기의 결합체가 어휘부에 저장되지 않아야 한다.

이러한 기준에 의거하여 고유어계 접미사 중에는 '들, 님, 이'가, 한자어계 접미사 중에는 '가(哥), 령(領), 류(流), 씨(氏), 행(行); 가(家), 공(公), 산(産), 식(式), 양(孃), 옹(翁), 제(製)'가 임시어 형성 접미사로 식별되었다.[1] '끼리, 쯤, 꼴, 씩, 어치, 짜리, 째, 치' 등은 임시어 형성 접미사의 후보로 고려되기는 하였으나 이들은 구와 결합하는 것으로서 (8가)의 기준을 충족시키지 못하여 임시어 형성 접미사에서 제외되었다.[2]

그러나 (8가)의 기준이 과연 유용한지에 대해서는 재고의 여지가 있다. 고영근(1972)에서는 '꼴, 씩, 어치, 짜리, 째, 쭝'과 같은 것들을 그대로 접미사로 볼 것을 제안하고 있는데 여기에는 결합환경이 제약적이라는 점과 다른 조사보다 먼저 결합한다는 점이 우선적으로 고려되고 있다.

송철의(2001)에서는 접미사 설정 기준을 검토하면서 접미사는 원칙적으로 통사적 구성에 결합될 수 없지만 이 조건을 엄격하게 적용하는 데에는 문제가 있다는 점을 지적하고 있다. 즉, 일반적으로 접미사로 여겨지는데도 통사적 구성에 결합되는 경우가 있다는 것이다. '네눈박이'의 '-박이', '한 살배기'의 '-배기', '한 말들이'의 '-들이', '한 섬지기'의 '-지기'와 같은 예가 이에 해당한다. 그리하여 송철의(2001)에서도 수량을 나타내는 명사구는 단어 형성에 있어서 예외적인 존재로 보고 있다. 즉, 어떤 요소가 수량을 나타내는 명사구에 결합된다고 해서 그것이 접미사가 아니라고 할 수 있는 근거가 되지는 못한다고 보는 것이다. 마찬가지로 '-씩', '-께', '-꼴', '-짜리', '-째(둘째, 두 번째)'도 수사나 수량 명사구와 결합하는 접미사로 설명되고 있다.

이러한 판단은 이들 접미사가 결합하는 단위의 특이성이 먼저 고려되어야 한다는 것으로 해석할 수 있다. 송원용(2000)에서는 '수관형사+단위성 의존명사'와 결합하는 접미사만 후보로 삼아 이들이 통사적인 단위라는 이유로 임시어 형성 접미사에서 제외시켰지만, 숫자 및 수사와 직접 결합하는 접미사에 대해서는 언급이 없다. 숫자 및 수사와 결합하는

---

1) 송원용(2000)에서는 임시어 형성 접두사에 대해서도 논의하고 있으나 본고의 논의 대상이 아니므로 제외하도록 한다.

2) 이러한 요소들에 대해 남윤진(1997)에서는 보조사로 판별하고 있다. 송원용(2000)에서는 이들의 범주에 대해 확정을 짓고 있지는 않지만 접미사는 아니라는 입장이다.

경우는 분명 통사론적인 과정은 아니지만 그렇다고 이를 단어형성 과정이라고 보기도 어렵다. 이는 숫자 및 수사 자체가 지닌 특이성에 기인하는데 이러한 특징을 공통적으로 가지고 있는 숫자, 수사, 숫자/수사/수관형사+단위성 의존명사는 전체를 하나의 수량표현 범주로 따로 취급하는 것이 타당하다.

송원용(2000)의 의의는 임시어를 형성하는 접미사들의 존재를 밝혔다는 것이다. 그러나 그 글에서는 그러한 성격의 접미사가 망라되지는 못하였다. 이 글에서는 『표준국어대사전』과 『연세한국어사전』에서 접미사로 처리한 것들의 목록을 조사하고 그 결합 대상에 따라 유형 분류를 하기로 한다. (목록은 【부록】 참조)

3. 수량 명사구와 결합하는 경우

3.1. 단위성 의존명사와 주로 결합하는 경우

수량 명사구와 결합하는 접미사 중 주로 숫자, 수사 혹은 수관형사와 단위성 의존명사가 이루는 통사적 결합체에 붙는 것들이 있다.

(9) 주차요금은 처음 한 시간에 3000원이고, 그 이후에는 한 시간당 1000
     원씩 부가됩니다.
(10) 10명당 3명꼴로 감염 증세를 보였다.
(11) 100원짜리 동전 하나 없으세요?
(12) 귤 3000원어치만 담아주세요.
(13) 가. 약은 1주일분을 처방해드리겠습니다.
     나. 짜장면 3인분 추가요.
(14) 가. 그는 12월 1일부로 본사로 발령이 났다.
     나. 그는 어제부로 회사를 그만두었다.
(15) 가. 6월 12일자 신문에는 그 일에 대한 사과문이 게재되었다.

　　　　　나. 오늘자 신문이 아니고 지난 토요일자 신문에 난 얘기야.
(16) 그 사건은 어제 저녁 10시 30분경에 일어났다.
(17) 지갑에는 10만 원권 수표 한 장과 만 원권 지폐 여섯 장이 들어있
　　　었다.
(18) 일금 50만원정
(19) 이 그림은 초등학교 3학년생의 작품치고는 상당한 표현력을 가지고
　　　있다.

　(9)의 '당(當)'은 단위를 나타내는 말 뒤에 결합한다. (9)의 '씩'과 (10)
의 '꼴'은 '~당 ~씩' 혹은 '~당 ~꼴로'와 같은 형식으로 많이 쓰인다.
(11)의 '짜리'와 (12)의 '어치'는 화폐단위를 나타내는 단위성 의존명사
뒤에 결합하는데, '짜리'는 그것의 화폐적 가치를, '어치'는 그만큼에 해
당하는 분량을 나타낸다.[3] (13)의 '분(分)'도 그만큼에 해당하는 분량을
나타낸다는 의미 면에서는 비슷하지만 그 앞에 결합할 수 있는 단위에
대한 제약의 정도가 다르다. 즉, '치'나 '분'은 여러 종류의 단위성 의존
명사와 결합할 수 있는 것이다. (14, 15)의 '부(附)'와 '자(字)'는 날짜를
나타내는 말 뒤에 결합하여 '딱 그때의 것'이라는 의미를 나타내는데 단
위성 의존명사 외에도 '어제, 오늘, 내일'과 같은 명사나 '지난 토요일'
과 같은 명사구 뒤에도 결합한다. (16~18)의 '경(頃)', '권(券)', '정(整)'은
특정한 단위성 의존명사 다음에만 결합한다. '경'은 '년, 월, 일, 시'와
같이 시간을 나타내는 단위성 의존명사 다음에만 결합하고, '권'은 화폐
단위를 나타내는 말 다음에만 결합한다. '정'은 '원' 다음에만 사용되는
데 입출금요구서나 매출전표, 영수증, 계약서 등과 같이 특별한 문맥에
서만 사용된다. (19)의 '생(生)'은 '학생'을 나타내는데 '초등학교 3학년생,

───────────────

3) 심혜령(1997)에서는 '짜리'와 '꼴' 그리고 '씩'에 대해 '[한 개에 천원]짜리, [사흘에
　　한 번]꼴로, [한 가구당 한 포대]씩'과 같이 분석을 행하고 있다. '꼴'의 경우에는
　　'*한 번꼴로'와 같은 단독적인 쓰임이 불가능한 것으로 보아 이러한 분석이 타당하
　　지만, '짜리'와 '씩'에 대해서는 다르게 분석해야 한다. 즉, '천원짜리, 한 포대씩'과
　　같은 구성이 얼마든지 가능하므로 '짜리'나 '씩'은 그 바로 앞 수량 명사구에 결합하
　　는 것으로 파악하여야 한다. 다만, 이들은 '~당/에 ~짜리' 혹은 '~당/에 ~씩'과
　　같은 패턴으로 주로 사용되는 것이다.

육사 1기생'과 같이 해당 소속과 해당 학년 및 기수 뒤에 결합하거나
해당 학년 및 기수 뒤에 결합한다.

3.2. 숫자 및 수사와 결합하는 경우

숫자 및 수사에 직접 결합하는 접미사들이 있다.

    (20) 가. 응답자 중 3분의 2가 '아니오'라고 대답했다.
         나. 응답자 중 3분지 2가 '아니오'라고 대답했다.
    (21) 종로 2가에서 만나도록 하자.
    (22) 그는 3선 의원이었다.
    (23) 그 출판사에서는 『한국 현대시 100선』을 출간하기로 결정했다.

  (20가)의 '분(分)'은 숫자에만 결합하고 그 뒤에 반드시 조사 '의'를 수
반한 형식으로만 쓰인다. (20나)에서는 이에 해당하는 한자어인 '분지(分
之)'가 같은 뜻으로 쓰인다. 이 경우에는 '분지' 전체가 접미사이다. (21)
의 '가(街)'는 숫자 다음에만 결합하는 접미사이다. '2가'가 붙기 전인
'종로' 자체가 자립적인 형식인데 여기에 숫자와 접미사가 결합한 단위
가 덧붙어 그 중 특정한 구역을 나타낸다. (22)와 (23)의 '선(選)'도 숫자
뒤에 바로 결합하는데 이들은 서술성을 지니고 있다. 즉, (22)의 '선'은
'당선'의 의미를, (23)의 '선'은 '선정'의 의미를 지니는 것이다. 그러나
'3당선, 100선정'과 같이 쓰이지는 않는다.

3.3. 단위성 의존명사 혹은 숫자 및 수사와 결합하는 경우

다음 접미사들은 단위성 의존명사에 결합하거나 혹은 숫자 및 수사와

직접 결합하는 접미사들이다.

    (24) 가. 2시간 여 동안 줄을 서서 겨우 표를 구했다.
        나. 1000여 명이 넘는 관중들이 객석을 가득 메웠다.
        다. 그것을 수리하는 데 50여 만원이 들었다.
    (25) 가. 가입자 수가 1000만대를 넘어섰다.
        나. 주가가 800대에 머물렀다.

    (24)의 '여(餘)'는 특이한 접미사이다. 동일한 의미를 나타내는 '남짓'은 반드시 단위성 의존명사 다음에 결합하지만, '여'는 (24가)와 같이 단위성 의존명사 뒤에 결합하는 이외에 '10여, 100여, 1000여'와 같이 숫자와 직접 결합하기도 한다. (24나)에서는 단위성 의존명사 직전에 나타났고, (24다)에서는 만, 억, 조와 같이 10000 단위 앞에 나타내는 예가 보인다. (25)의 '대(臺)'는 단위성 의존명사와 결합하기도 하고 숫자와 직접 결합하기도 한다.

4. 고유명사와 결합하는 경우

고유명사와 결합하는 접미사들을 살펴보자.

    (26) 10시 30분 부산행 열차가 2번 승강장에서 곧 출발합니다.
    (27) 제주산 감귤은 특히 단맛이 강하다.
    (28) 요즘은 독일제 카메라가 큰 인기를 끌고 있다.
    (29) 그는 케네디가 인물들 중에서도 가장 인기가 많은 사람이었다.
    (30) 가. 김철수님, 안으로 들어오세요
        나. 님의 글은 잘 읽어보았습니다.
    (31) 이영희씨, 다음 차례이십니다.
    (32) 지금부터 김철수군과 이영희양의 결혼식을 시작하겠습니다.

 (33) 윈저공과 심슨 부인의 스캔들은 유명한 이야기이다.
 (34) 가. 세븐일레븐 신림점/신림동점이 새로 개업하였다.
   나. KFC 서울대점/홍대입구점에서 사은행사를 합니다.
 (35) 가. 이번 한일전에 사람들의 관심이 집중되고 있다.
   나. 작년 대프랑스전에서 5:0으로 패배했던 기억이 떠올랐다.

  (26)의 '행(行)'과 (27)의 '산(産)'과 (28)의 '제(製)'는 각각 '행선지', '산지', '제조국'을 나타내는데 이들이 결합한 전체가 주로 관형어로 쓰인다.[4] 단, '이 열차는 부산행이다' 혹은 '이것은 제주산/독일제이다'와 같이 쓰일 때는 명사적으로도 쓰인다. (29)의 '가'는 고유명사 다음에 붙어 '가문'을 나타내는데 이 '가'는 '세도가, 세력가'와 같이 명사와 결합하기도 한다. (30)의 '님'은 전에는 '선생님, 따님'과 같이 일반 명사에만 결합하였는데 최근에 그 쓰임이 확대되어 (30가)와 같이 고유명사에 결합하기도 하고, 특정 문맥에서는 (30나)와 같이 단독적으로 쓰이기도 한다.[5] (31)의 '씨(氏)'와 (32)의 '군(君)' 및 '양(孃)', 그리고 (33)의 '공(公)'은 고유명사 뒤에서만 사용되는 접미사이다. 이들은 '님'과는 반대로 자립적인 쓰임을 점점 잃어가고 있는 접미사들이다. (34)의 '점(店)'은 고유명사에 붙어 '점포'를 나타낸다. '점'은 고유명사에 바로 결합하기도 하고 행정구역을 나타내는 접미사 뒤에 결합하기도 한다. 또 '서울대점, 홍대입구점'과 같이 그 일대를 통칭하는 말 다음에 결합하기도 한다. (35)의 '전(戰)'은 '전쟁'의 비유적인 쓰임인데 특이한 구조를 보인다. '한일전'과 '대프랑스전'은 각각 [[한-일]전]과 [[대-프랑스]전]의 구조를 가지고 있다. '한일전'의 '한일'은 참가하는 양진영을 나열한 것으로 병렬 구성이고, '대프랑스전'은 '프랑스' 앞에 접두사 '대(對)'가 붙고 거기에 다

---

4) 노명희(1998)에서도 관형성 접미한자어 중 서술성을 지니는 예들로 '행, 산'을 들고 있다. 그러나 여기서는 '용, 별'과 함께 다루고 있다. 의미적으로 서술성을 지니며 관형어로 주로 기능한다는 점에서는 이들이 동일한 성격을 공유하고 있음에 틀림없으나 그 앞에 오는 요소가 일반 명사 혹은 명사구인지 고유명사인지에 따라 이들을 하위분류할 수 있다.
5) 최근에 인터넷상에서 이러한 표현을 많이 볼 수 있다.

시 접미사 '전'이 결합한 것이다.

5. 수량 명사구 혹은 고유명사와 결합하는 경우

5.1. 단위성 의존명사 혹은 고유명사와 결합하는 경우

1음절 한자어 중 서술성을 지니는 어떤 것은 수량 명사구 중 단위성 의존명사와 결합하거나 혹은 고유명사와 결합한다.

    (36) 가. 그는 1953년생이다.
          나. 그는 1953년 서울생이다.
    (37) 가. 10시발 무궁화호는 좌석이 남아있나요?
          나. 지금 승차하고 계신 열차는 서울발 무궁화호 열차입니다.

  (36)의 '생(生)'이나 (37)의 '발(發)'은 '태생'이라는 의미와 '출발'이라는 의미를 그대로 가지고 있는 경우로 1음절 한자어이면서 서술성을 그대로 지니고 있다. 그러나 쓰임에 있어서는 다소 차이를 보이는데 '서울태생'은 자연스럽지만 '1953년 태생'은 부자연스럽다. '발'의 경우 '10시 출발, 서울 출발'과 같이 바꾸어 쓸 수는 있지만 그보다는 '10시에 출발하는, 서울에서 출발하는'과 같이 풀어쓰는 것이 자연스럽다.

5.2. 숫자 및 수사 혹은 고유명사와 결합하는 경우

한편 숫자 및 수사와 직접 결합하거나 고유명사와 결합하는 경우가 있다.

(38) 가. 지금은 봉천 10동에 살고 있습니다.
　　　 나. 지금은 봉천동에 살고 있습니다.
(39) 가. 하 1리로 가는 버스는 어디에서 타야 하나요?
　　　 나. 하리로 가는 버스는 어디에서 타야 하나요?

　(38)과 (39)의 '동'과 '리'는 (가)와 같이 숫자 및 수사와 직접 결합하기도 한다. 원래는 (나)와 같이 고유명사에 결합하는 것이 일반적인데 (가)는 고유명사와 접미사 사이에 숫자가 끼어 든 모습을 보이고 있다. 앞에서 살펴본 '종로 2가'의 경우 '*종로가'가 아닌 '종로'에 숫자와 접미사의 결합이 부가된 것과는 다른 양상이다.

6. 결론

　지금까지 수량 명사구 혹은 고유명사와 결합하는 접미사에 대해 살펴보았다. 이들 접미사는 일반적인 접미사와 다른 성격을 보인다. 첫째, 일반적으로 접미사는 새로운 단어를 형성하는 기능을 하는 데 반해 이들 접미사가 결합하여 만들어진 구성은 '새로운 단어'라고 하기에는 무리가 있다. 둘째, 일반적으로 단어 형성에 참여하는 접미사는 아무리 생산적인 접미사라고 해도 그것이 결합하는 대상이나 결합한 전체를 나열하는 것이 가능하지만, 수량 명사구나 고유명사에 붙는 접미사는 그것이 결합하는 대상이나 결합한 전체가 열린 집합이므로 일일이 나열하는 것은 불가능하다. 다만 결합 양식을 명세 할 수 있을 뿐이다. 셋째, 이들 접미사는 대개 1음절 한자어인 경우가 많다. 한자어는 분명 한국어 체계 안에 존재하는 것이지만 고유어와는 다른 양상을 보이는 경우가 있다. 특히 1음절 한자어의 경우 형태적인 자립성과 문장 내에서의 통사적인 기능 및 의미에 있어서 특이한 양상을 보인다. 즉, 1음절 한자어 접미사는 선행요소에 대해 강한 의존성을 보인다는 점에서 접미사임에는 틀림없지만, 해당 한자어의 의미나 서술성을 그대로 유지하는 경우도 있고, 문장 내에서의 기능이 일정하게 정해져 있는 경우도 있다.

이렇게 수량 명사구나 고유명사에 결합하는 접미사는 특이한 성격을 보이기 때문에 응용에 있어서도 다른 접미사들과 다르게 취급하여야 한다. 예컨대 형태소 분석기를 구현할 때 접사 층위까지 분석하는 것은 구현에 부담을 주는 경우가 많다.6) 다시 말해 접사를 분석할 수 있는 단위로 설정하면 형태소 분석 과정에서 중의성이 야기되는 경우가 오히려 많은 것이다. 따라서 접사의 경우는 선행요소와 결합한 전체를 사전에 등재하는 것이 중의성을 감소시키는 해결방안이 될 수 있다. 그러나 위의 접미사들의 경우 그것이 결합한 전체를 사전에 등재하는 것이 어렵다. 앞에 오는 요소들을 한정적으로 나열할 수 없기 때문이다. 그렇지만 이들 접미사가 결합하는 양식에는 일정한 질서가 있으므로 이들 접미사에 대해서는 따로 규칙을 작성하는 것이 가능할 것이다.

---

6) 남윤진(1994)에서는 한국어 형태소 분석기를 구현하기 위해 빈도, 다양도, 선행어기의 특성에 따라 '규칙접미사'와 '사전접미사'를 구분하고 있다.

참고 문헌

고영근(1972), "현대국어의 접미사에 대한 구조적 연구-확립기준을 중심으로", 서울
　　　　대학교 논문집 18, 고영근(1989) pp.495～534에 재록.
──(1989), 『국어 형태론 연구』, 서울대학교 출판부.
구본관(1998), "접미사의 사전적 처리", 새국어생활 8:1, pp.23～48.
남윤진(1994), "형태소 분석기에서의 접미파생어 처리를 위한 연구", 울산대학교 대
　　　　학원 석사학위논문.
──(1997), "현대국어 조사에 대한 계량언어학적 연구", 서울대학교 대학원 박사
　　　　학위논문.
노명희(1998), "현대국어 한자어의 단어구조 연구", 서울대학교 대학원 박사학위논
　　　　문.
송기중(1992), "현대국어 한자어의 구조", 한국어문 1, "현대국어 한자어 형태론"으
　　　　로 이병근·채완·김창섭 편(1993), pp.367～440에 재록.
송원용(2000), "현대국어 임시어의 형태론", 형태론2:1, pp.1～16.
송철의(2001), 『어휘 자료 처리를 위한 파생접사 연구』, 국립국어연구원.
심혜령(1997), "통사적 언어 단위에 붙는 파생 접미사에 대하여-『국어 사전』에서의
　　　　처리를 중심으로-", 사전편찬학연구 8, pp.271～297.
심혜령(1999), "접미사의 사전적 처리", 사전편찬학연구 9, pp.153～181.
이병근·채완·김창섭 편(1993) 『형태』, 태학사.

부록

〔표 1〕 단위성 의존명사와 결합하는 접미사

항목	표준사전	연세사전	예
가량	접미사		50세가량
가웃	접미사		자가웃, 말가웃
경(頃)	접미사	접미사	오전 9시경
간(間)	접미사	접미사	한 달간
권(券)	접미사	접미사	천 원권, 만 원권
께	접미사	접미사	10시께
꼴	접미사	의존명사	100원꼴, 한 명꼴, 열 개꼴
당(當)	접미사	의존명사	시간당 얼마 / 마리당 삼천 원
대(臺)	접미사	접미사	만 원대
도(度)	접미사	접미사	2002년도
들이	접미사	접미사	한 말들이, 1리터들이
바기		접미사	세 살바기
발(發)	접미사	접미사	10시발, 12일발
배기	접미사	접미사	두 살배기
부(附)	접미사	접미사	10일부
분(分)	접미사	의존명사	3인분
생(生)	접미사	접미사	1월1일생 / 1년생
생(生)	접미사	접미사	1학년생, 2기생
소(所)	접미사	접미사	200 여개소
씩	접미사	접미사	열 개씩
어치	접미사	접미사	천 원어치
여(餘)	접미사	접미사	한 시간여
작(作)	접미사	접미사	삼부작
장(葬)	접미사	접미사	삼일장
정(整)	접미사	접미사	일만 원정
조(祖)	접미사		오대조
지기	접미사	접미사	닷 말지기, 두어 섬지기 / 만 석지기
짜리	접미사	접미사	열 살짜리, 백 원짜리
째	접미사	접미사	두 잔째, 다섯 달째
쭝	접미사		한 냥쭝, 두 돈쭝, 세 푼쭝
쯤	접미사	접미사	12월 26일쯤
허(許)	접미사		십 리허, 십 분허

〔표 2〕 수사 및 숫자와 결합하는 접미사

항목	표준사전	연세사전	예
가(街)	접미사	접미사	명륜동1가
가(價)	접미사	접미사	3가 알코올
금(金)	접미사	접미사	18금, 14금
대(臺)	접미사	접미사	수천억대
분(分)	접미사	의존명사	3분의 1
분지	접미사	접미사	십분지 일, 몇분지 일
선(選)	접미사	접미사	3선 의원, 명시 100선
세(世)	의존명사	접미사	루이 13세
순(旬)	접미사	접미사	육순, 칠순, 팔순
씩	접미사	접미사	하나씩, 둘씩
여(餘)	접미사	접미사	천여 원
원(元)	명사	접미사	일원 일차 방정식
이	접미사	접미사	둘이, 셋이, 여럿이
족(族)	접미사	접미사	3족을 멸하다
째	접미사	접미사	둘째, 몇째, 며칠째, 사흘째
차(次)	접미사	접미사	2차 방정식, 삼차
판(判/版)	접미사	접미사	사륙판

〔표 3〕 고유명사와 결합하는 접미사

항목	표준사전	연세사전	예
가(哥)	접미사	접미사	김가, 이가
가(家)	접미사	접미사	케네디가
공(公)	접미사	접미사	충무공, 충정공
곶(串)	접미사		장산곶, 장기곶
관(館)	접미사	접미사	한국관, 명월관
교(橋)		접미사	한강교, 오목교
네	접미사	접미사	철수네
댁	접미사	접미사	안성댁, 광주댁, 상주댁
도(島)	접미사	접미사	홍도, 울릉도, 제주도
령(領)	접미사	접미사	영국령, 프랑스령, 한국령
령(嶺)	접미사		대관령, 추풍령, 한계령
로(路)	접미사		세종로, 을지로, 충무로
루(樓)	접미사	접미사	경회루, 광한루, 부벽루, 촉석루
발(發)	접미사	접미사	대전발, 서울발, 뉴욕발
변(邊)	명사	접미사	한강변
사(寺)	접미사		불국사, 월정사, 해인사

항목	표준사전	연세사전	예
산(産)	접미사	접미사	한국산, 제주산, 멕시코산
선(線)	접미사		경부선, 호남선, 장항선
식(式)	접미사	접미사	한국식
씨(氏)	접미사	접미사	김씨, 이씨, 박씨
암(岩/巖)	접미사	접미사	낙화암, 대왕암
암(庵)	접미사	접미사	연주암, 석굴암
양(洋)	접미사	접미사	태평양, 인도양
어(語)	접미사	접미사	한국어, 프랑스어
옥(屋)	접미사	접미사	부산옥, 서울옥, 춘천옥
이	접미사	접미사	갑순이, 갑돌이
자(子)	접미사		공자, 맹자, 노자, 장자
장(莊)	접미사		목화장, 청수장, 금수장
전(殿)	접미사	접미사	교태전, 근정전, 강녕전, 석조전
점(店)	접미사	접미사	봉천점, 대학로점, 명동점
정(亭)	접미사		세검정, 총석정 / 반포정, 우미정
제(製)	접미사	접미사	미국제, 중국제, 프랑스제, 한국제
조(朝)	접미사		고려조, 조선조, 세종조, 로마노프조
족(族)	접미사	접미사	여진족, 만주족, 셈족
종(種)	접미사	접미사	뉴햄프셔종, 레그혼종, 메리노종
지(誌)	접미사	접미사	타임지
집	접미사	접미사	마산집, 부산집
천(川)	접미사	접미사	청계천, 도림천, 탄천, 중랑천
항(港)	접미사	접미사	인천항, 부산항
해(海)	접미사	접미사	지중해, 다도해, 발트해, 에게해
행(行)	접미사	접미사	서울행, 부산행, 목포행
허(許)	접미사		김철수허
호(號)	접미사	접미사	무궁화호, 새마을호, 메이플라워호
호(湖)		접미사	석촌호, 영랑호

'이다'의 형태론적 특징과 문법적 지위

송 정 근

1. 서론

  '이다'는 국어학 연구의 초창기부터 최근에 이르기까지 많은 국어학자들에게 주목을 받아왔다. '이다'에 대한 이러한 관심은 '이다'가 갖는 특이한 형태론적, 통사론적 특징에 기인한다.

  기본적으로 '이다'는 단독으로 문장의 서술어로 사용되지 못하고 선행하는 성분과 결합해야 하나의 문장 성분으로 사용될 수 있다는 점에서 의존적인 성격을 갖는다. 보편적인 국어 문법 기술에서 의존적인 성질을 갖는 요소는 접사나 조사 혹은 어미이다. 그렇다면 '이다'는 접사, 조사, 어미 중 하나의 지위를 갖게 될 것이다. 그러나 종결어미를 비롯하여 다양한 어미와 결합할 수 있다는 점에서는 용언의 일종으로 볼 수 있다. 국어에서 다양한 어미와 직접 결합하여 활용하는 요소는 일반적으로 용언의 어간이기 때문이다.[1]

이러한 사정으로 학교 문법에서 '이다'는 조사의 일종이지만 용언과 같이 활용할 수 있다는 의미에서 '서술격 조사'라는 품사로 분류되어 있다. 그러나 조사와 용언의 성격을 하나로 아우르는 품사의 설정은 설득력을 갖기 어렵다. 기본적으로 품사 분류 체계만을 고려해보아도 조사와 용언은 매우 이질적인 부류이다. 게다가 그러한 품사에 오직 '이다'만이 소속되어 있다는 점에서 그러한 품사 설정의 필요성마저 의문을 제기하지 않을 수 없다.

본고는 '이다'의 형태론적 특징을 밝히고, 이를 바탕으로 '이다'의 문법적 지위를 설정하는 것을 목표로 한다. 이를 위하여 우선 '이다'의 실제 용례들을 검토하고 이를 바탕으로 기존 연구의 문제점들을 검토할 것이다. 일반적인 경우라면, 연구사 검토가 우선되어야 할 것이다. 그러나 '이다'와 관련된 기존 연구는 매우 방대하여 연구사를 정리하는 과정이 오히려 '이다'의 본질을 파악하는 데 하나의 편견이나 걸림돌로 작용될 가능성이 있기 때문에 현상에 대한 정확한 검토를 우선하여 논의를 진행하고자 하는 것이다.

따라서 2장에서 '이다'의 형태론적 특징을 정리하고, 이를 바탕으로 3장에서 이전 연구 성과들을 비판적으로 검토한다. 그리고 4장에서는 한국어 품사 체계에서 '이다'의 지위를 어떻게 설정할 수 있을지 살펴보도록 하겠다.

---

1) 안명철(1995:34)에서는 선행하는 요소가 형태론적으로 단일한 경우는 그 선행 요소가 바로 어간이 되겠지만, 파생접미사가 개입되어 있는 경우는 그렇지 않을 수도 있다고 지적하고, '정-답-다, 사랑-스럽-다, 민망-하-다'의 예를 들고 있다. 즉 종결어미 '-다'의 선행 성분이 파생접미사도 될 수 있다는 것이다. 그러나 이 예에서 종결어미 '-다'는 '-답-, -스럽-, -하-'에 붙은 것이라기보다는 '정답-, 사랑스럽-, 민망하-'라는 용언 어간에 붙은 것으로 파악해야 할 것이다.

2. '이다'의 형태론적 특징

'이다'를 독립된 하나의 용언으로 본다면, 선행하는 요소와 '이다'의 결합 양상에 대한 검토는 형태론이 아닌 통사론의 소관이다. 본고의 논의에서는 아직 '이다'의 지위에 대한 어떠한 결정도 유보되어 있기 때문에 '이다'와 선행 성분과의 결합 관계를 어떤 차원에서 다루어야 할지 결정할 수 없다. 다만 현재 '선행성분+이다'의 구성을 하나의 단위로 표기하는 표기법에 의지하여 이들을 잠정적으로 하나의 형태론적인 구성으로 인정하여 여기서 논의하기로 한다.

2.1 '이다'와 결합하는 선행 요소

'이다'와 결합할 수 있는 선행 요소를 살펴보자.[2]

    (1가) 저기 오는 사람은 <u>경찰</u>이다.
    (1나) 가장 앞줄에 앉아 있는 사람이 <u>그녀</u>(이)다.
    (1다) 전광판에 지금 보이는 숫자는 <u>칠</u>이다.
    (1라) <u>그 경찰이 곧 올 것</u>이다.
    (1마) 저기 오는 사람이 <u>그 훌륭한 경찰</u>이다.

(1가, 나, 다)는 체언 뒤에 '이다'가 쓰인 경우이다. (1가)는 명사 뒤에, (1나)는 대명사 뒤에, (1다)는 수사 뒤에 '이다'가 쓰이고 있다. (1라, 마)에서는 '이다'에 선행하는 성분을 각각 의존 명사 '것'과 명사 '경찰'로 파악하기보다는 '그 경찰이 곧 올 것', '그 훌륭한 경찰'에 '이다'가 결합한 것으로 분석해야 한다. (1라)에서 '그 경찰이 곧 올'이라는 관형사절

___

2) 제시되는 예문에서 (   )는 생략될 수 있음을 표시한 것이다.

이 '것이다'라는 용언을 수식한다고 할 수 없으며, (1마)에서도 '훌륭한'
이 수식하는 대상은 '경찰'이지 '경찰이다'는 아니기 때문이다.[3] 그렇다
면 (1)의 예에서 확인할 수 있는 것은 '이다'의 선행 요소는 명사(구)라는
것이다.

'이다' 앞에 체언이 선행하는 경우, 선행하는 체언 자리에 올 수 있는
명사, 대명사, 조사에 대한 특별한 제약이 존재하지 않는다. 즉, 어떤 체
언도 '이다'의 선행 요소가 될 수 있다. 그러나 의존 명사의 경우, 모든
의존 명사가 '이다'의 선행 요소가 될 수 있는 것은 아니다. 다음의 경
우를 살펴보자.

     (2가) *<u>나는 집에 갈 수</u> 이다.
     (2가′) 나는 집에 갈 수 있다/없다.
     (2나) *<u>철수는 지금 공부할 리</u> 이다.
     (2나′) 철수는 지금 공부할 리 없다.
     (2다) *<u>영희는 이 문제를 풀 줄</u> 이다.
     (2다′) 영희는 이 문제를 풀 줄 알다/모르다.

  (2)는 대표적인 의존명사 중에서 '이다'에 선행할 수 없는 의존명사
'수, 리, 줄'의 예들이다. '이다'에 선행하는 의존명사가 제약된다는 사실
을 설명하는 방식에는 두 가지가 있을 수 있다. '이다'가 선행하는 의존
명사를 제약하는 경우가 그 하나이고, 의존명사가 후행하는 용언에 대해
제약을 갖는 경우가 나머지 하나이다. 이 두 가지 설명법 중에서, 국어
의 보편적인 문법 기술이라면 후자의 설명법을 따르는 것이 합당할 것

---

3) '철수의 그림 솜씨는(우리 반에서/우리 반의) 최고이다.'와 같이 '명사＋이다' 형식을
   부사어가 수식하는 경우도 있다. 이것은 '명사＋이다'가 하나의 형용사로 굳어져 부사
   의 수식을 받는 것으로 설명할 수 있다. 따라서 '우리 반에서 최고이다'는 [[[우리
   반]에서] 최고이다]로 분석할 수 있고, '우리 반의 최고이다'는 [[[우리 반의 최고]이
   다]로 분석할 수 있겠다. 안명철(1995:41)에서는 '명사＋이다'가 하나의 형용사로 굳어
   져 부사로 수식 받을 수 있는 예로 '걱정이다, 고장이다, 다행이다, 법석이다, 불만이
   다, 제법이다, 최악이다' 등을 들고 있다.

이다. 주지하다시피, 의존명사는 선행하는 성분이 관형어야만 하고, 한정된 격조사와만 결합하며, 특정한 문장 성분으로만 사용되는 특징을 갖고 있기 때문이다. 또한 (1)에서 살펴본 바와 같이, 선행하는 체언에 대한 어떤 제약도 갖고 있지 않은 '이다'가 선행하는 의존명사에 대해서만 특별히 어떤 제약을 갖는다는 설명은 설득력을 갖기 어렵다.

> (3가) 내가 못 간 것은 너 <u>때문</u>이다.
> (3나) 나는 단지 불쌍한 그녀를 도와주었을 <u>뿐</u>이다.
> (3다) 나는 그저 열심히 공부할 <u>따름</u>이다.
> (3라) 내가 갈 <u>터</u>이니 기다리고 있어라.
> (4가) 이 것이 내가 원하는 <u>바</u>(이)다.
> (4나) 지금 말한 것이 내가 아는 모든 <u>것</u>이다.
> (4다) 저 노신사가 어제 오셨던 <u>분</u>이다.
> (4라) 그 술집은 내가 잘 가는 <u>데</u>(이)다.

'이다'와 결합할 수 있는 의존명사들은 위의 (3, 4)의 예들이 대표적이다. (3)의 예들은 서술어로만 쓰이는 의존명사(학교문법에서 '서술성 의존명사'로 분류된 예들, 그러나 '때문'은 '에'와도 결합 가능함)가 '이다'에 선행된 경우이고, (4)는 여러 문장 성분으로 사용될 수 있는 의존명사(학교문법에서 '보편성 의존명사')가 '이다'와 결합된 예이다.

결국 (2, 3, 4)에서 확인할 수 있는 것은 '이다'는 선행하는 명사(구)와 결합하며, 결합하는 명사구에 대한 특별한 제약을 가지고 있지 않는다는 것이다. 특정 의존명사가 '이다' 앞에 선행되지 못하는 것은 '이다'때문이 아니며, 그 의존명사가 갖는 후행성분에 대한 제약일 뿐이다.

'이다'의 선행요소로는 다음과 같은 예들도 존재한다.

> (5가) 철수가 사업에 성공한 것(곳)은 <u>고향에서</u>(이)다.
> (5나) ?* 영희가 이 집을 만든 것(재료)은 <u>벽돌로</u>이다.
> (5다) 우리 경찰서 진급 대상자는 <u>너까지</u>(이)다.
> (5라) 이러한 사태에 책임을 질 사람은 <u>나부터</u>(이)다.

(5마) 철수가 사업에 성공한 것(이유)은 <u>노력함으로써</u>이다.

(5)의 예들은 학교 문법에서 부사격 조사로 분류된 격조사 뒤에 '이다'가 결합한 경우이다. (5가)는 처소를 나타내는 조사 뒤에, (5나)는 도구(instrumental)를 나타내는 조사 뒤에, (5다)는 지향점을 나타내는 조사 뒤에, (5라)는 출발점을 나타내는 조사 뒤에, (5마)는 원인, 이유를 나타내는 조사 뒤에 '이다'가 결합하고 있다. 이에 비해 주격이나 목적격, 소유격을 나타내는 격조사 뒤에는 '이다'가 결합할 수 없다(*철수가이다, *철수를이다, *철수의이다). 이 경우, 특정 조사 뒤에 '이다'가 위치하지 못하는 이유를 찾기는 쉽지 않다. 특히 '이다'의 정체를 알 수 없는 상황에서 이러한 제약에 대한 설명은 더욱 힘들어 보인다.

다만 (5)에서 흥미로운 점은 부사격 조사와 '이다'가 결합한 문장은 모두 분열문(cleft sentence)이라는 것이다. 특정한 종류의 문형에서만 어떤 성분들의 결합이 가능하다면 이들의 결합 제약은 통사론적인 문제가 관여되었을 가능성이 있다는 점만을 여기서는 지적하도록 하겠다.

'이다'가 보조사 뒤에 출현하는 예들도 존재한다.

(6가) 저 선수를 이길 수 있는 것(사람)은 너<u>뿐</u>이다.
(6나) ??이 곳을 출입할 수 있는 것(사람)은 경찰<u>만</u>이다.
(6나') 이 곳을 출입할 수 있는 것(사람)은 경찰<u>뿐</u>이다.

(6가, 나)는 보조사 '뿐, 만' 뒤에 '이다'가 결합한 경우이다. 보조사의 경우, '은/는, 도, 조차, 마저, 나' 등의 뒤에 '이다'는 결합하지 못하는데, 오직 '뿐' 뒤에만 '이다'가 결합할 수 있다. '만'의 경우, '이다'가 후행할 수 있는 예를 상정할 수도 있을 것으로 보이나, '뿐'과의 의미 차이가 크지 않고, (6나')에서 보는 바와 같이 '이다' 앞에서는 '만'보다는 '뿐'이 더 자연스럽고 일반적으로 선택되어 사용된다. 그렇다면 보조사 가운데 '뿐'만이 '이다'의 선행 성분이 될 수 있다고 할 수 있을지 모르겠다. 그러나 '뿐'은 기원적으로 의존 명사에서 왔고 공시적으로도 보조사적인

용법과 의존 명사의 용법(3나)을 모두 갖는 성분이라는 점을 고려한다면, 전형적인 보조사는 '이다'의 선행 요소가 될 수 없다고 하겠다.

2.2 '이-'와 결합하는 후행 요소('이다'의 활용 양상)

'이다'는 아직 명확하게 그 문법적 지위를 알 수 없는 '이-'와 종결어미 '다'의 결합으로 분석할 수 있다. '이다'의 '다'가 종결어미라는 점은 부정하기 어려운 사실이다. 이 종결어미 '다' 자리에는 매우 다양한 어미들이 올 수 있다.

우선 '이-'와 다른 종류 종결어미의 결합 양상을 살펴보자.

> (7가) 영희가 김 첨지의 손녀딸이(다/라네/오/ㅂ니다).
> (7나) 그 훈장은 정말 청렴한 선비이(구나/도다/Ø/구려)!
> (7다) 김씨가 너희 동네 이장이(냐/ㄴ가/오/ㅂ니까)?
> (7라) ??모두들 최선을 다하는 선수이(어라/게/오/십시오).
> (7마) *우리 모두 훌륭한 학생이(자/세/ㅂ시다/십시다)

(7가)는 평서형 어미, (7나)는 감탄형, (7다)는 의문형, (7라)는 명령형, (7마)는 청유형 어미와 '이-'가 결합한 문장이다. 위에서 보는 바와 같이, (7라, 7마)의 명령형, 청유형과 '이-'의 결합은 자연스럽지 못하다.

비종결어미 중 명사형 어미, 관형사형 어미와 '이-'의 결합 양상을 살펴보면 다음과 같다.

> (8가) 철수는 <u>부자(이기/기)</u> 때문에 경제적인 문제에 시달리지 않을 것이다.
> (8나) 그가 <u>(부자임이/*부잠이)</u> 밝혀졌다고 해서 달라질 것은 아무 것도 없다.
>
> (9가) 아직 <u>학생인</u> 철수는 그 방에 들어가지 못한다.

(9나) 아직 <u>학생이던</u> 철수는 그 방에 들어가지 못했다.
(9다) 그때까지 <u>학생일</u> 철수는 그 방에는 못 들어갈 것이다.

(8가)는 명사형 어미 '기'가, (8나)는 명사형어미 '(으)ㅁ'이 '이-'에 후행되고 있는 예4)이고, (9)는 관형사형 어미들이 '이-'와 통합한 예들이다. (9가)는 현재, (9나)는 과거, (9다)는 미래를 나타내는 관형사형 어미들과 '이-'의 통합 양상을 보인 것이다. (8, 9)에서 보는 바와 같이 '이-'는 명사형, 관형사형 어미와의 통합이 자유롭다.

'이-'와 시제를 나타내는 선어말 어미의 통합 양상을 살펴보자.

(10가) 지금 철수는 학생이다.
(10나) 그때 철수는 학생이었다.
(10다) 내년이면 철수가 학생이리라/학생이겠다.

(10가)는 현재, (10나)는 과거, (10다)는 미래 표현이다. (10가)에서 '이다'는 형용사와 마찬가지로 무표적으로 현재 시제를 표현하고, (10나)에서는 '었', (10다)에서는 '리, 겠' 등의 시제 선어말 어미와 자유롭게 결합하여 시제를 나타낸다.

'이-'와 결합하는 어미들을 정리하자면, 청유형과 명령형을 제외한 종결어미와의 결합이 자유롭고, 비종결어미로 명사형어미와 관형사형 어미와의 결합도 자유로우며, 시제를 나타내는 선어말 어미와의 통합도 자유롭다. 여기서 명령형, 청유형 종결어미와의 결합이 자유롭지 못하고, 무표적으로 현재 시제를 나타낸다는 점은 형용사 어간과 동일하다.

'이-'는 '-라고, -라도, -든지, -나, -나마, -야, -야말로'와 결합하여 보조사로 사용되기도 한다. 기원적으로 이러한 조사에 사용되는 '이-'는 '이다'와 밀접한 관련을 갖고 있는 것으로 보이나 일반적으로 '이다'의 '이-'와 동일한 요소로 처리하지는 않는다. 배주채(1993)에서는 이러한 보조사

---

4) '이-'와 '(으)ㅁ'의 통합 양상에서 '이-'의 생략 문제는 다음 장에서 살펴볼 것이다.

에 사용되는 '이-'를 준매개모음으로 명명하고 모음 뒤에서 필수적으로 삭제되는 것으로 설명하고 있다. 다음은 이승재(1994:17)를 재인용한 것이다.

(11가) (*나이라도/나라도) 그 일을 할 수 있다.
(11나) (*학자이라고/학자라고) 공부만 하나?
(11다) (*누구이든지/누구든지) 할 수 있지.
(11라) (*사과이나/사과나) 먹자.
(11마) (*사과이나마/사과나마) 먹을 수 있어 다행이다.
(11바) (*사과이야말로/사과야말로) 먹고 싶었지.

2.3 '이-'의 생략과 축약[5]

'이다'의 '이-'가 생략될 수 있다는 사실은 '이다'의 매우 중요한 특징 중의 하나이다. '이-'의 생략이 (11)의 경우와 같이 규칙적이라면 문제는 그나마 간단할 수 있으나, '이다'의 '이-' 생략은 수의적이고 불규칙적인 양상을 띈다.

우선 '이-'의 생략이 수의적인 경우를 살펴보자.

(12가) 오늘 모임의 사회자는 우리 누나(이다/다).
(12나) 오늘 모임의 사회자는 우리 형(이다/*다).
(13가) 저분이 우리 고모(이고/고), 이분이 우리 이모이다.
(13나) 저분이 우리 삼촌(이고/*고), 이분이 우리 숙모님이다.

(12, 13)은 '이-'에 종결어미 '다'와 연결어미 '고'가 각각 결합된 경우

---

5) '이다'의 '이-' 생략에 대해서는 서정목(1993), 이승재(1994)에서 이미 잘 밝혀진 바 있다. 따라서 여기서는 이 두 논문의 내용을 용약하는 정도로 '이-' 생략의 양상에 대해 살펴볼 것이다.

이다. 일반적으로 선행 형태소 말음이 자음인 경우 '이-'는 생략되지 않고 실현되나, 모음인 경우 '이-'는 수의적으로 생략될 수 있다. (12, 13)의 예는 '이-'의 생략이 음운론적인 조건에 의한 현상일 가능성을 제시해 준다.

그러나 다음을 살펴보자.

(14가) 그가 (천재임이/*천잼이) 밝혀졌다.
(14나) 그가 (천재임에/*천잼에) 틀림없다.
(14다) 그는 (천재임을/*천잼을) 자칭하고 있다.

(14)는 '이-' 뒤에 명사형 어미 '(으)ㅁ'이 결합한 경우, '이-'의 생략 가능성을 살펴본 예이다. 이 경우, '이-' 앞의 선행 형태소 말음이 (12, 13)에서와 같이 모음인 경우이지만 '이-'를 생략하지 못한다. '이-'의 생략이 순수한 음운론적인 조건에 의한 것이라면 동일한 환경에서 이러한 차이가 나는 것을 설명하기 어렵다. 즉, '이-'의 생략은 단순히 음운론적인 조건에 의한 것이 아니다.

이승재(1994:25)에서는 '이-'와 '(으)ㅁ'의 기능을 중심으로 '이-'의 생략을 설명한다. 명사형 어미인 '(으)ㅁ'이 제 기능을 발휘하기 위해서는 선행 성분이 서술성을 갖고 있어야 하는데, 이러한 서술성은 '이-'가 부여하고 있다는 것이다. '이-'가 생략된 상황에서는 명사화 기능을 하는 '(으)ㅁ'이 통합될래야 통합될 수 없는 상황이 되어버린다는 것이다.

이러한 설명은 기원적으로 혹은 공시적으로 명사형 어미(동명사어미)로의 용법을 갖고 있는 '-은, -을'의 경우에도 적용될 수 있다.

(15가) 그는 (부자인/*부잔) 까닭에 가난한 사람의 생활을 알지 못했다.
(15나) (국어학자인/*국어학잔) 이 교수는 규범적인 글쓰기를 강조한다.
(15다) 영희는 (교사인/*교산) 동시에 학생이다.

(16가) 새로 선출될 회장이 (너일/?*널) 가능성이 있다.
(16나) 이번 소개팅에 나올 사람이 (미녀일/?*미녈) 가능성은 높지 않다.

(15, 16)의 예는 '은, 을'에 선행하는 '이-'가 모음 뒤에서도 생략될 수 없는 경우이다. 이러한 예들은 명사화하는 기능을 갖는 형태소가 선행하는 '이-'의 생략에 영향을 미치고 있음을 다시 한 번 확인시켜 준다.[6)

3. 기존 논의 검토

'이다'의 정체를 구명하기 위한 논의는 대단히 다양하다. 새로운 접근이 이루어질 때마다 '이-'에 대한 새로운 품사설이 하나씩 추가되어온 느낌이다. '이-'에 관한 다양한 연구를 우선 그 종류별로 살펴보면 다음과 같다.

> (17가) 지정사설 : 박승빈(1935), 서정수(1994); 잡음씨설: 최현배(1937),
> 　　　　남기심(1986)
> (17나) 용언설 : 송석중(1990), 양정석(1996), 엄정호(1989, 1993)
> (17나') 의존 형용사설 : 김창섭(1996); 형용사설: 임홍빈·장소원(1995)
> (17다) 계사설 : 김광해(1983), 서정목(1993), 고영근(1993)
> (17라) 서술격 조사설 : 정인승(1959), 문교부(1985)
> (17마) 주격 조사설 : 우순조(2001), 최기용(2001)
> (17바) 통사적 접사설 : 고창수(1992), 시정곤(1996), 안명철(1995)

기존 연구를 정리해 보면, '이다'의 '이-'는 연구자에 따라 1) 조사, 2) 접사, 3) 용언의 어간으로 크게 분류되고 있다. 조사설의 경우, '이-'를

---

6) '은, 을'이 선행 성분을 명사화하는 기능으로 사용되지 않을 때, 선행하는 '이-'의 생략은 수의적인 것으로 봐야 할 것이다. 그 예로 '그가 (수학자인/수학잔)들 누가 알았겠는가, 그는 (천재인/천잰) 것 같다, 그 개가 (진돗개인/진돗갠) 줄 모르겠다' 등의 예에서는 '이-'의 생략은 수의적이다. 이승재(1994)에서는 '은, 을'이 선행 성분을 명사화했는지 여부의 판단은 임홍빈(1982)에 따라 대명사로의 대치를 통해 확인할 수 있다고 설명한 바 있다.

서술격 조사로 보는 경우와 주격 조사로 보는 경우로 나눌 수 있다. 접사로 본 경우, 일반적인 접사와는 달리 구를 어기로 삼는다는 점에서 통사적 접사로 '이-'를 분류하고 있다. 용언의 어간으로 보는 입장에서도 '이-'를 형용사로 보는 입장이 있는가 하면, 일반적인 형용사와 구별하여 의존 형용사로 보는 견해나 지정사, 잡음씨 혹은 계사와 같이 용언의 새로운 범주로 설정하는 경우도 있다.

'이다'가 이렇게 다양한 품사로 설정될 수 있는 것은 '이다'가 위에서 지적한 조사, 접사, 용언의 특징들을 어느 정도 모두 갖고 있지만, 어떤 특정 품사의 특징과는 완전히 일치하지 않기 때문이다. 이러한 이유로 어떤 품사설도 다른 품사설을 비판하기는 쉬워도 자신의 문제점을 방어하기란 여간 어려운 것이 아니다. 다음은 일반적으로 지적될 수 있는 각각의 품사설의 문제점들이다. 세부적이고 구체적인 개별 논의의 문제점보다는 국어 문법 체계에서 보편적인 설명과 상충되는 것들만 제시하도록 한다.

> (18가) 조사설의 문제점
>> -조사 뒤에 바로 종결어미가 붙는 것은 국어의 일반적인 현상이 아니다. (조사에 종결어미, 선어말 어미가 붙어 활용한다는 설명은 불합리하다.)
>> -조사가 선행하는 성분의 통사적 자격을 바꾸는 것은 국어의 일반적인 현상이 아니다. (조사는 기본적으로 문장에서 명사의 통사적, 의미론적 성격을 명시하는 기능은 갖지만 선행 성분의 통사적 기능을 바꾸지는 못한다. '철수는 학생이다'에서 명사 '학생'이 '이-'를 통해 이 문장의 서술어로 사용되었다고 설명할 때, '이-'는 명사와 결합하여 명사를 서술어로 사용될 수 있게 했다고 할 수 있는데, '이-'가 조사라면 그러한 역할을 하는 것은 국어의 일반적인 현상은 아니다. 선행 어기의 통사적 기능을 바꿨다면 그것은 조사가 아니라 전성어미 혹은 접사이다.)
>
> (18나) 접사설의 문제점
>> -접사가 수의적으로 생략되는 것은 국어의 일반적인 현상이

> 아니다.
> - 조사 뒤에 접사가 붙는 것은 국어의 일반적인 현상이 아니다.(부
>   사격 조사 뒤에도 '이-'는 올 수 있는데(5), '이-'가 접사라면 이
>   들의 결합을 설명할 수 없다.)
> - 접사는 어기에 대한 제약이 있으나 '이-'는 거의 모든 명사(구)와
>   결합 가능하다.
> - 접사가 구와 결합하는 것은 국어의 일반적인 현상이 아니다.('이-'
>   가 구에 결합하는 통사적 접사라는 설명에도 문제가 있다. 통사
>   적 접사설은 개념적인 문제를 안고 있다. 몇몇 현상의 설명을 위
>   해 다수의 현상을 설명할 수 있는 형태론의 기본적인 가설들을
>   부정하는 것은 합리적이지 못하다. 구와 결합하는 것은 절대 접
>   사가 아니다.)
>
> (18다) 용언설의 문제점
> - 용언의 어간이 수의적으로 생략되는 것은 국어의 일반적인 현상
>   이 아니다.
> - 용언이 독립된 서술어로 사용될 수 없는 것은 국어의 일반적인
>   현상이 아니다. ('이-'가 용언의 어간이라면, '*그는 이다'와 같은
>   문장이 성립하지 못하는 것을 설명하기 어렵다.)
> - 용언이 논항인 명사(구)의 보조사 출현을 제약하는 것은 국어의
>   일반적인 현상이 아니다. ('이다' 앞에서는 보조사가 자유롭게
>   사용되지 못한다.)

'이다'에 관한 어떤 품사설도 (18가, 나, 다)에서 제시한 문제에서 자유
롭지 못하다. 기존 연구서에서는 나름대로의 논리로 이러한 문제점을 해
결하기 위하여 많은 노력을 기울였지만 아직도 어떠한 품사설도 합리적
으로 모든 문제점을 설명하지는 못하고 있다.

이렇게 모든 가능성들이 문제를 안고 있다면, '이다'를 하나의 새로운
품사로 설정하는 방법을 생각해 볼 수도 있을 것이다. 그러나 문법 기술
에서 품사는 비슷한 특성을 공유하는 단어들의 부류이지 개별 단어의
특징을 포착해 주는 기제가 아니라는 점을 고려해 본다면, 몇몇 단어만
을 하나의 품사로 묶는 처리법은 바람직한 방법은 아닐 것으로 생각된
다. 설령 '이다'를 하나의 새로운 범주로 설정한다하더라도 그것은 체언

이든 용언이든 수식언이든 어떤 대범주에 속할 것이고, 그 대범주에서 '이다'는 여전히 이질적인 요소로 남는다는 점은 다를 바가 없다.

우리는 앞서 '이다'의 형태론적 특징들을 살펴보았다. 그것은 일반적인 품사 분류에 있어 형태론적 양상이 그들의 품사 설정에 가장 핵심적인 기준이기 때문이었다. 여기서는 품사 분류의 일반적인 분류 체계와 기준을 그대로 받아들여 '이다'의 품사를 설정한다.

우선 '이다'의 형태론적 특징들을 다시 정리해 보자.

> (19가) '이다'의 선행 요소가 될 수 있는 것은 체언(명사, 대명사, 수사)을 포함한 명사구(1), 서술적으로 사용될 수 있는 의존 명사(2, 3, 4) 등이다.
> (19나) '명사+격조사' 중에서 '명사+부사격조사'만이 '이다'의 선행 요소가 될 수 있다(5).
> (19다) '명사+보조사'는 '만, 뿐'을 제외하고는 '이다'의 선행 요소가 될 수 없다(6).
> (19라) '이-'에는 명령형, 청유형 종결어미를 제외한 종결어미, 명사형 어미, 관형사형 어미, 시제를 나타내는 선어말 어미와의 결합이 자유롭다(7, 8, 9, 10).

(19가)의 특징은 '이다'의 '이-'가 조사일 가능성을 가장 크게 내포한다. 명사(구)와 의존명사에 자유롭게 후행할 수 있는 것은 조사이기 때문이다. 그러나 '이다'가 용언일 가능성도 배제할 수 없다. 용언 역시 명사구나 의존 명사에 후행할 수 있기 때문이다. 조사가 나타나지 않는다거나 선행 요소와 '이다'를 붙여쓴다는 등의 문제가 적어도 (19가)에서는 '이다'가 용언이 아니라는 결정적인 근거는 되지 못한다. 한국어에서 조사 생략은 매우 일반적이며, 붙여쓴다는 규범은 관습적인 원칙이지 '이다'의 문법적 특징을 반영한 것은 아니기 때문이다.

(19나, 다)의 특징은 '이-'가 용언 어간일 가능성을 가장 크게 내포한다. '명사+격조사'를 선행할 수 있는 가장 전형적인 품사는 용언이기 때문이다. '이-'를 용언 어간이라고 한다면 어째서 선행하는 조사가 주격이

나 목적격은 안되고 부사격 조사여야만 하는가 문제삼을 지도 모르겠다.[7] 그러나 선행하는 조사의 종류가 제한된다고 해서 후행하는 성분이 용언이 아니라는 논리는 성립하지 않는다. 국어 품사 체계에서 보조 용언의 경우, 그 선행 성분과의 결합 환경은 이보다 더 제한되어 있지만 보조 용언의 품사 설정을 문제삼지 않는다. 보조 용언도 용언인 것이다.

(19나, 다)의 특징을 허용할 수 있는 '이-'는 조사일 가능성도 있다. 국어에서 여러 조사들이 중출되는 경우가 있으므로, '이-'가 조사일 가능성도 완전히 배제하지 못하는 것이다. 이 경우, 격조사가 중출되는 것은 있을 수 없으므로, '명사+격조사'에 결합하는 조사는 보조사여야만 한다.

(19라)는 '이-'가 용언 어간 특히 형용사 어간의 특징과 동일하다. 용언의 가장 큰 특징은 활용할 수 있다는 것인데, '이-'는 자유롭게 활용하며 단지 형용사와 같이 명령형, 청유형 종결 어미와 결합하지 못할 뿐이다. 조사나 접사가 활용한다는 설정은 국어에서는 받아들이기 어려운 설명법이다.

결국, (19)의 형태론적 특징만으로 '이다'의 문법적 지위를 따져가다 보면, '이다'가 용언 특히 형용사와 매우 유사하다는 것을 알 수 있다. 여기서 우리는 논의를 확대하여 '이다'를 형용사로 설정하였을 때의 문제점을 검토할 필요성을 느낀다. (18다)에서 정리한 바 있는 일반적인 용언설의 문제점을 다시 살펴보자.

> (18다) 용언설의 문제점
>> —용언의 어간이 수의적으로 생략되는 것은 국어의 일반적인 현상이 아니다.
>> —용언이 독립된 서술어로 사용될 수 없는 것은 국어의 일반적인 현상이 아니다.('이-'가 용언의 어간이라면, '*그는 이다'와 같은

---

7) 엄정호(1993)에서는 '이/가'가 표지되지 못하는 이유에 대해서 역사적인 이유를 제시하고 있다. 주격 조사가 '이-'밖에 없던 중세어에서 성조까지 거성으로 일치하는 '이다'의 '이-'와 주격 조사의 그것은 쉽게 축약되거나 하나가 탈락되었다는 것이다. 이러한 설명법이 따른다면 적어도 '이다' 앞에서 주격조사가 나타나지 않는 이유는 설명할 수 있을 것이다.

> 문장이 성립하지 못하는 것을 설명하기 어렵다.)
> ─ 용언이 논항인 명사(구)의 보조사 출현을 제약하는 것은 국어의
>   일반적인 현상이 아니다.('이다' 앞에는 보조사가 자유롭게 사용
>   되지 못한다.)

우선 용언의 어간이 수의적으로 생략되는 것은 분명히 국어의 일반적인 현상은 아니다. 그러나 '이-'의 생략은 매우 수의적인 것으로 생략된 경우라도 '이-'가 존재한다는 것은 한국어 화자라면 누구나 알 수 있다. '이-'의 생략에서 살펴본 바와 같이, '이-'는 순수하게 음운론적 환경에서 생략되는 것이 아니라 후행하는 성분에 따라 그 생략에 제약을 받는다. '이-'가 필수적으로 표시되어야 할 경우, '이-'는 생략되지 않는다.

게다가 '이다'의 어휘적 의미는 미약하기 때문에 '이-'의 생략이 문장의 의미론적 차원에서 크게 문제되지 않을 수 있다는 설명도 가능하다. 우리는 이와 유사하게 '하'가 생략되는 경우를 확인할 수 있다.

(20가) 어간의 끝 음절 '하'가 아주 줄 적에는 준 대로 적는다.
(20나) 거북지, 생각건대, 생각다 못해, 깨끗지 않다, 넉넉지 않다, 못지 않다.

(20)은 한글 맞춤법 40항 붙임2에 나오는 설명과 예들이다. '거북하지'에서 어미 '지'를 제외한 형용사 어간은 '거북하-'로 볼 수 있다. 여기서도 어간의 일부인 '하'가 생략되는 것을 확인할 수 있다.

용언이 독립된 서술어로 사용되지 못하는 경우도 역시 국어의 일반적인 현상은 아니다. 그러나 위에서 언급한 보조 용어의 경우도 다를 바 없다. 보조 용언이 명백하게 용언이라면 '이다'가 독립된 서술어로 사용되지 못한다고 용언이 아니라는 주장은 성립하지 않는다. 그러나 역시 일반적인 용언과는 달리 선행 성분과 결합해야만 서술어로서의 역할을 수행할 수 있다는 측면에서 특수성은 인정해야 한다. 우리는 이와 비슷한 유형의 단어로 '같다, 답다'와 같은 예들이 있음을 알고 있다.[8]

위의 세 번째 문제점은 앞에서 밝힌 바와 같이, 조사들의 출현이 제약

된다는 것이 '이다'의 '이-'가 용언의 아니라는 근거는 될 수 없다. 그러나 일반적인 국어의 용언들과 비교해 본다면 분명히 '이다'의 '이-'가 갖는 특수성임은 부인할 수 없다.

결국 그렇다면, '이다'는 그 특수성을 부정할 수는 없지만 용언 특히 형용사의 일종으로 처리하는 것이 적당하다고 할 것이다. 물론 일반적인 형용사와의 차이점을 고려하여 형용사의 하위 부류로 설정할 수도 있을 것이다.

5. 결 론

이 글에서는 '이다'의 형태론적 특징을 고려해 볼 때, '이다'의 '이-'가 용언의 어간 특히 형용사의 어간이어야 한다는 점을 주장하였다. 그러한 주장의 근거는 '이-'를 용언의 어간이라고 설정했을 때 전체적인 국어 문법 체계에서 벗어나지 않게 '이-'의 형태론적인 특징들을 어느 정도 설명할 수 있다는 것이었다. '이-'가 기존의 품사 체계 속에서 설명되지 않는다면, 새로운 품사로 설정하여 설명하는 방식을 생각해 볼 수 있겠으나, 문법 기술에서 품사는 비슷한 부류의 단어들의 집합이지 몇 개의 단어 특징을 포착하는 기제가 아니므로 새로운 품사를 '이-'에 부여하는 것은 바람직하지 않은 것으로 판단하였다.

이 글에서는 '이다'의 '이-'를 형용사의 어간이라고 설정하였지만 '이-'가 전형적인 다른 형용사와 완전히 동일한 형태론적 특징을 보이는 것은 아니라는 점도 다시 한번 확인하였다. 이러한 논의 과정에서 '같다,

---

8) 안명철(1995)에서는 '이(다), 답(다)'가 통사적 파생과 어휘적 파생을 할 수 있는 일종의 접사로 처리하고 있고, 김창섭(1996:166~173)에서는 '이다, 같다, 답다'를 격표지가 실현되지 않는 논항을 가지는 의존 형용사로 보고, 그 논항에 형태론적으로 접미한다고 하였다.

답다'와 같은 단어들과 보조 용언의 특성들이 언급되었는데 아쉽게도 이들의 형태론적 특성과 '이다'의 특성을 비교하지는 못하였다. 또한 '이다'의 선행 요소로서 '명사+보조사' 형식에 대한 제약은 '이다'문의 분열문적인 성격과 무관하지 않을 것으로 보이나 이 점에 대한 '이다'문의 통사론적 특징에 대한 논의도 하지 못하였다.

참고 문헌

고영근(1993), 『우리말의 총체서술과 문법 체계』, 일지사.

고창수(1992), "국어의 통사적 어형성", 국어학 22: 259-270, 국어학회.

김광해(1983), "繫辭論", 蘭臺 李應百博士 回甲紀念論文集: 1-11.

김성규(2001), "'이-'의 음운론적 특성", 국어학 37: 286-307, 국어학회.

김정아(2001), "'이-'의 문법적 특성에 대한 통시적 고찰", 국어학 37: 309-336, 국어
　　　　　학회.

김창섭(1992), "국어 파생어에 대한 통사론적 해석", 국어학회 19회 공동연구회 발
　　　　　표 요지.

――――(1996), 『국어의 단어형성과 단어구조 연구』, 태학사.

남기심(1986), "'-이다' 구문의 통사적 분석", 한불연구 7, 연세대학교.

디 시울로·윌리암스(A.M. Di Sciullo & Williams)(1987), *On the Definition of Word*,
　　　　　Linguistic Inquiry Monograph 14. the MIT press.

문교부(1985), 『문법』, 대한 교과서 주식회사.

박승빈(1935), 『조선어학』, 조선어학연구회.

박진호(1994), 『통사적 결합관계와 논항구조』, 국어연구 123.

배주채(1993), "현대국어 매개모음의 연구사", 주시경학보 11.

――――(2001), "지정사 활용의 형태음운론", 국어학 37: 33-59, 국어학회.

서정수(1996), 『국어문법』, 한양대학교 출판부.

서정목(1993), "繫辭 構文과 그 否定文의 통사 구조에 대하여", 안병희 선생 회갑
　　　　　기념 논총: 488-506.

송석중(1991), "'이다' 논쟁의 반석", 애산학보 10, 애산학회.

송철의(1992), 『국어의 파생어형성 연구』, 태학사.

시정곤(1996), "'-이다'의 '-이-'가 접사인 몇 가지 이유", 주시경학보 11: 143-149.

안명철(1995), "'이-'의 문법적 성격 재고찰", 국어학 25: 29-49, 국어학회.

안병희(1958), "中期語의 否定語 '아니'에 대하여", 국어국문학 20.

양정석(1996), "'이다' 구문과 재구조화", 한글 232, 한글학회.

――――(2001), "'이다'의 문법범주와 의미", 국어학 37: 337-366, 국어학회

엄정호(1989), "소위 指定詞 구문의 통사구조", 국어학 18: 110-130, 국어학회

―――(1993), "'이다'의 범주 규정", 국어국문학 110: 317-332, 국어국문학회.

―――(2000), "'-이다'의 '이'는 조사인가?", 형태론 2-2: 333-344.

오토 예스페르슨(Otto Jespersen)(1924), *The philosophy of Grammar*, George & Unwin LTD: London. [이환묵·이석무 역(1987), 문법 철학, 한신문화사.]

우순조(1998), "국어 어미의 통사적 지위", 국어학 30: 225-256, 국어학회.

―――(2000), "'이다'와 '아니다'의 상관성", 형태론 2-1: 129-138.

―――(2001), "'이다'의 '이'가 조사인 새로운 증거들", 형태론 3-2: 345-358.

이남순(1999), "이다'론, 한국문화 24: 35-59, 서울대 한국문화연구소

임홍빈·장소원(1995), 『국어문법론1』, 한국방송대학교 출판부.

정인승(1959), "우리말의 씨가름(품사분류)에 대하여, 한글 125호: 316-327, 한글학회.

정렬모(1946), 『신편고등국어문법』, 한글 문화사.

최기용(2001), "'-이다'의 '-이'는 주격조사이다", 형태론 3-1: 101-112.

최현배(1937), 『우리말본』, 정음문화사.

'품사의 통용'에 대하여

―명사, 동사, 형용사, 부사를 중심으로―

남 수 경

1. 머리말

국어문법이 본격적으로 연구되기 시작한 이래로 품사의 분류라든지
성격 규정이라든지 하는 품사와 관련된 여러 가지 문제들은 활발히 논
의되어 왔으면서도 아직 뚜렷한 합의점을 찾지 못해 왔다. 본고에서는
그 중 일찍이 홍기문(1947)[1]에서 '품사의 통용'[2]이라 명명한 현상에 대

---

1) 홍기문(1947:90～95)은 '품사의 통용' 아래 명사와 동사의 통용, 명사와 형용사의 통
   용, 명사와 부사의 통용, 동사와 형용사의 통용, 형용사와 부사의 통용을 들고 있고
   뒤에 후치사와 접속사를 설명하는 자리에서 이들의 통용도 들고 있다. 홍기문(1947)
   이 제시한 예들은 논의에 적절하지 않은 것도 있으나 명사와 부사로 통용되는 '잘못'
   등, 적절한 예들도 상당히 많이 제시되어 있다.
2) 관점에 따라서는 영파생 또는 conversion이라고 할 수 있을 것이다. 그러나 본고는 어
   떤 품사의 단어가 다른 품사의 단어로 영파생되거나 또는 conversion되었다고 볼 수

해 논의하고자 한다.

고영근(1993:186)은 이를 "단어 가운데는 하나 이상의 문법적 성질을 가지고 있는 것이 있다. 이를 품사의 통용(通用)이라고 한다."고 언급하고 다음과 같은 예를 들고 있다.

> (1) ㄱ. 그의 한 <u>평생</u>이 행복스러웠다. <명사>
>   ㄴ. 그런 이야기는 <u>평생</u> 처음 듣는다. <부사> (고영근1993:187)

이는 세부적인 양상은 다를 테지만 국어뿐만 아니라 영어 등 다른 외국어에서도 보편적으로 발견할 수 있는 현상이다.

> (2) ㄱ. He <u>works</u> well. <동사>
>   ㄴ. His <u>works</u> is good. <명사> (고영근1993:187)

국어에서는 특히 시간 명사나 공간 명사 같은 것들이 처격 조사와 통합하지 않고 쓰이는 예들이 많은데 이러한 현상이 이들 명사의 의미상의 특성에 기인하리라는 것은 충분히 짐작할 법한 일이다[3]. 그러나 필자는 '품사의 통용'이라고 명명할 수 있는 이 현상 안에는 단순히 시간 명사이기 때문에 내지는 공간 명사이기 때문에를 넘어서서 품사를 분류하고 체계를 세우는 것과 관련된 중요한 기준과 특성들이 내재하고 있다고 생각한다.

예를 들어 명사라는 범주에 속하는 단어가 문장에서 부사어로 기능하도록 하는 경우를 상정해 보자. 그렇다면 우리가 선택할 수 있는 방법은 무엇일까. 명사에 부사격 조사를 취하든지 아니면 명사를 부사로 파생시키든지 하는 두 가지 방법 중 하나를 선택해야 할 것이다. 우리가 이러

있는 현상보다는 단어 자체가 지닌 의미적 특성 때문에 이쪽 저쪽으로 두루 쓰일 수 있는 경우에 대해 고찰할 것이기 때문에 '품사의 통용'이라는 용어를 선택했다.

3) 박진호·황선엽·이승희(2001)는 중세 국어의 '이에, 거긔,······' 등의 시간이나 장소를 나타내는 명사들이 처격 조사와 통합하지 않고도 부사어의 기능을 하는 것이 단지 의미상의 특성뿐만 아니라 형태론적 이유에 기인한 것임을 밝히고 있다.

한 기제들을 마련하는 데에는 명사와 부사간에 뚜렷한 경계가 존재하고 있다고 생각하기 때문이다. 그리고 실은 그러한 뚜렷한 구분이 존재하는 것이 자연스러운 것이다. 우리가 앞으로 살펴보게 될 '품사의 통용'은 이러한 점에서는 매우 부자연스러운 현상이다. 명사와 부사, 또는 다른 품사들의 경계를 넘어, 특별한 형태론적, 통사론적 장치 없이 쓰이기 때문이다.

논의의 전개를 위해 필자는 '품사의 통용'이라는 현상에 대해 다음과 같은 가정을 하고자 한다. '품사의 통용'을 보이는 단어들은 그 품사의 범주 내에서 전형적이지 않은 것들이다. 우리는 앞으로 품사의 어떤 전형성을 보이기 위해 원형이론에서 몇 가지 개념을 빌릴 것인데, 원형이론에 의하면 이러한 현상을 보이는 품사들은 원형의 주변부에 위치한 것들이다.

본고는 2장에서 품사 분류의 기준을 간략히 언급할 것이다. 일반적으로 언급되는 품사 분류의 기준들 중 본고에서 논의의 기초로 삼는 것은 의미론적 기준이다. 3장에서는 2장을 기초로 품사 통용의 여러 예들을 살펴보기로 한다. 또한 이전의 논의에서 품사 통용의 예로 설명되었으나 사실은 구분되어야 할 것들도 언급할 것이다.

2. 품사 분류의 기준

2.1. 품사 분류의 기준

일반적으로 어떤 단어를 어떤 품사로 분류할 것인가를 논의할 때 따져보는 것이 그 단어의 형태, 기능, 의미이다. 이 세 가지와 관련해서 우리는 품사 분류의 기준으로 형태론적 기준, 통사론적 기준, 의미론적 기준을 세울 수 있다. 이들 각각에 대해 간략하게 언급하자면 우선 형태론적 기준은 어떤 형식의 범주를 식별하기 위해 그것이 다른 굴절적 형태소들과 어떻게 결합하는지 살펴보는 것이다. 예를 들어 인도유럽어에서 명사는 격, 수, 성 등에 따라 격변화하는 형식으로 정의되며 동사는 인칭, 수, 양태 등에 의해 활용하는 형식으로 정의된다. 물론 국어에서는 조사와 결합하는 것들을 명사, 시제와 양태, 경어법 등에 따라 활용을 보이는 것을 동사라 분류할 것이다. 통사론적 기준은 일반적으로 문법범주 설정에 관여하는 통사적 논항들에 대한 논의이다. 예로부터 주어나 술어 등의 구분을 대체로 명사와 동사의 구분에 일치시켜 왔다. 말하자면 'term'으로 기능하는 것은 명사, '서술어'로 기능하는 것은 동사, 이들의 수식을 담당하는 것은 각각 형용사, 부사라는 식으로 문장에서의 기능을 기준으로 분류하는 것이 통사론적 기준일 것이다.

다음은 의미론적 기준이다. 의미론적 기준은 앞으로의 논의와 관련이 되기 때문에 좀더 자세하게 살펴보고자 한다. 의미론적 기준은 품사 분류 그 자체에 내재되어 있는 것이라 할 수 있다. 왜냐하면 우리가 흔히 명사나 동사, 형용사, 수사 등 품사에 붙인 이름들이 바로 그들 단어의 의미를 따져 붙여진 것이기 때문이다. 그럼에도 많은 논자들이 명사가 반드시 사물을 나타내지 않으며 동사가 반드시 사건이나 행동을 나타내는 것이 아니라는 점을 역설함으로써 의미론적 기준은 품사분류의 기준으로 기능하지 못하는 것처럼 보였었다. 그러나 언어유형론적인 연구들과 인지언어학적인 연구들이 활발해짐에 따라 언어보편적으로 명사와 동사의 구분이 존재하고 이들을 구분하는 데에는 어떤 의미론적인 요소가 내재하고 있다는 인식이 널리 퍼졌다. 즉, 명사는 '사물'을 나타내고 동사는 '사건'을 나타낸다는 식이 아니라 '명사성'과 '동사성'이라는 새로운 개념이 등장한 것이다.

랭에이커(1987)은 명사와 동사의 구분이 인지적 틀 안에서 개념적 범주화에 달려 있으며, 명사적 또는 동사적이라는 개념은 단순히 사물이나 행동을 가리키는 것이 아니라 보다 추상적인 의미 안에서 관련된 것임을 보였다. 그 후의 연구들은 품사들의 '의미'라는 것이 품사 범주의 원형에 관계되어 있음을 보이고 있다. 다시 말하면 명사나 동사 중에도 원형의 중심 안에서 말 그대로 '사물'이나 '사건'을 가리키는 명사와 동사가 있을 수 있겠고, 원형의 주변부에서 '사물'이나 '사건'을 가리키지 않는 명사와 동사가 있을 수 있다는 것이다. 본고에서 의미론적 기준을 품사 분류의 중요한 기준으로 설정하는 것에는 이러한 원형이론적 설명이 바탕이 되고 있다. 다음 2.2.에서는 그러한 원형이론에 기반한 설명의 하나인 크로프트(2001)에서 정의한 원형적인 품사 의미 자질을 개괄할 것이다.

2.2. 원형적인 품사의 의미자질

크로프트(2001)은 대상(object), 속성(property), 행동(action)을 인간 언어에서 기본적으로 발견되는 의미부류라고 보았다. 이들은 또한 네 개의 의미자질—관계성, 상태성, 일시성, 정도성에 의해 하위 분류된다. 먼저 '관계성'은 하나의 개념이 다른 개념과 본질적으로 관계를 맺고 있는가 하는 것이다. 예를 들어 달리기와 같은 행동의 개념은 달리는 주체와 같은 개념을 상정하지 않고는 인식될 수 없을 것이다. 이것은 [+관계성]을 갖는다. 반면 의자나 개와 같은 것들은 다른 개념을 상정하지 않고도 인식할 수 있는 것들이기 때문에 [−관계성]을 갖는다. 따라서 대상은 [−관계성]을, 속성과 행동은 [+관계성]을 갖는다. 다음으로 '상태성'은 어떤 개념이 말 그대로 정태적인 상태를 나타내는 것을 뜻한다. 상태성이 [−]로 표시되면 반대로 과정을 나타낸다. 대상과 속성은 [+상태성]을, 행동은 [−상태성]을 갖는다. '일시성'은 그 개념이 일시적인 상태나 과정을 나타내는 것을 의미한다. 일시성이 [−]로 표시되면 문제되는 실체가 영구적이거나 고유한 상태에 있음을 가리킨다. 대상과 속성은 [−일시성]이고 행동은 [+일시성]이다. 마지막으로 '정도성'은 높이나 키처럼 척도의 정도를 가지고 있음을 의미한다. 대상과 행동이 [−정도성],

속성이 [+정도성]을 갖게 된다.

이에 따르면 원형적인 품사들은 다음과 같은 의미자질을 갖게 된다. 즉, '대상'은 원형적인 '명사'가 갖는 의미부류이며, '속성'은 원형적인 '형용사'가 갖는 의미부류이고, '행동'은 원형적인 '동사'가 갖는 의미부류이다.

【표 1】 원형적인 품사의 의미자질

	관계성 (relationality)	상태성 (stativity)	일시성 (transitoriness)	정도성 (gradability)
대상(objects)>명사	−	+	−	−
속성(properties)>형용사	+	+	−	+
행동(actions)>동사	+	−	+	−

이를 바탕으로 품사가 문장에서 원형적으로 수행하는 기능을 논할 수 있는데, 명사는 지시(reference), 형용사는 수식(modification), 동사는 진술(predication)의 기능을 갖게 된다.[4] 또한 【표 1】에서 보듯이 가장 원형적인 명사(즉, 무표적인 명사)는 [−관계성]. [+상태성], [−일시성], [−정도성]의 자질을, 가장 원형적인 형용사는 [+관계성]. [+상태성], [−일시성], [+정도성]을, 가장 원형적인 동사는 [+관계성]. [−상태성], [+일시성], [−정도성]을 갖게 될 것이다.

그렇다면 부사는 어떨까. 크로프트(2001)은 부사에 관해서는 논하지 않았지만 필자는 여기서 부사에 관해서도 의미자질을 상정하고자 한다. 부사 역시 속성을 나타내고 수식의 기능을 한다는 점은 형용사와

---

4) 표. 품사 구성에서 외현적으로 표시되는 구조적 부호화

	지시(reference)	수식(modification)	진술(predication)
대상(objects)	무표적 명사	속격형, 형용사형, 명사에 붙는 전치사 등	서술성 명사류, 계사
속성(properties)	형용사파생 명사	무표적 형용사	서술 형용사, 계사
행동(actions)	동작성 명사류, 부정사, 동명사	분사, 관계절	무표적 동사

같다. 그러나 그것이 갖는 의미 자질은 [+관계성]. [+상태성], [+일시성], [+정도성]이 될 것이다. [+관계성]은 부사가 그것이 수식하는 용언과 관계를 맺는다는 점에서, [+상태성]은 그것이 '빠르다'라든지 '많다', '적다' 등의 상태를 나타낼 수 있다는 점에서, [+일시성]은 그것이 수식하는 용언이 일시적인 속성을 갖는다는 점에서, [+정도성]은 부사가 나타내는 속성을 '보다 더', '보다 덜' 등으로 그 정도를 한정할 수 있다는 점에서 상정된 것이다. 따라서 부사와 형용사와는 [일시성] 자질에서만 차이를 갖게 된다.

부사와 형용사가 갖는 이러한 차이는 바트(2000)에서도 잘 드러나 있다. 바트(2000:60)에 의하면 먼저 이 둘은 의존성에서 다르다. 형용사는 체언과, 부사는 용언과 관계를 맺고 있지만 — 따라서 둘 다 [+관계성]을 갖고 있지만 — 부사가 용언에 대해 의존하고 있는 정도는 형용사의 체언에 대해 의존하고 있는 정도보다 낮다. 둘째, 의미적인 원형에 있어서 형용사는 영속적인 반면 — 크로프트(2001)에 의하면 [-일시성]을 갖는 반면 —, 부사는 일시적 — [+일시성] — 이다. 이것은 그들이 수식하는 단어의 유형에 관련된 것이다. 형용사가 수식하는 명사는 주로 실체와 관련되기 때문에 그것을 수식하는 형용사도 가치나 차원, 색상 등 영속적인 자질을 갖는다. 반면 부사는 주로 동사를 수식하기 때문에 방향성이나 속도 등 일시적인 자질을 갖는다.

【표 1】에 부사를 넣으면 다음과 같다.

【표 2】 원형적인 품사의 의미자질(수정)

		관계성 (relationality)	상태성 (stativity)	일시성 (transitoriness)	정도성 (gradability)
대상(objects)> 명사		−	+	−	−
속성 (properties)	형용사	+	+	−	+
	부사	+	+	+	+
행동(actions)> 동사		+	−	+	−

그렇다면 지금까지 살펴본, 원형적인 품사가 갖는 자질과 본고에서 살펴보고자 하는 품사의 통용과 어떤 관계를 맺을 수 있을까. 다음 장에서는 품사의 통용으로 분류할 수 있는 예들을 제시하고 그것을 크로프트(2001)에서 제안한 개념들을 적용해 설명할 것이다.

3. 품사 통용의 제양상

3.1. 논의의 출발

논의의 편의를 위해 고영근(1993)에서 제시된 유형을 중심으로 살펴볼 것이다. 고영근(1993:186~189)에서 제시된 예는 다음과 같다.

> (3) 통용유형
> ㄱ. 명사/관형사 (명관류) (예) 이지적
> ㄴ. 명사/부사 (명부류) (예) 평생
> ㄷ. 명사/감탄사 (명감류) (예) 만세
> ㄹ. 명사/조사 (명조류) (예) 대로
> ㅁ. 대명사/부사 (대부류) (예) 거기
> ㅂ. 수사/관형사 (수관류) (예) 일곱
> ㅅ. 형용사/동사 (형동류) (예) 크다
> ㅇ. 조사/부사 (조부류) (예) 보다

이 중에서 명사, 형용사, 부사, 동사가 관련된 (3ㄴ, ㅁ, ㅅ)을 중점적으로 살펴보도록 하고 나머지는 기타로 묶어 언급하도록 한다. 또 (3ㄹ)의 명사와 조사의 통용(명조류), (3ㅇ)의 조사와 부사의 통용(부조류)은 좀더 허사적인 성격을 띤 것으로 통시적인 변화를 한 문법화의 예로 볼 수 있으므로 논외로 한다.

명사, 동사, 형용사, 부사는 우리가 앞에서 원형 의미 자질로 살펴보았기도 했지만 국어에서 주요 단어 부류라는 점에서 의의를 갖는다. 본고에서 보이는 예들은 『표준국어대사전』에서 찾은 어휘들이다. 그러나 어떤 단어를 어떤 품사로 묶을 것인가에 대해서 사전에서 처리한 방식과 필자의 견해와 다를 경우는 필자의 처리 방법을 따랐음을 밝혀둔다.

3.2. 명사와 부사의 통용(명부류)

명사와 부사가 같은 단어로 쓰이는 것들은 그 예가 아주 많다. 그러나 지면 관계상 그들 전부를 다룰 수는 없으므로 논의의 편의를 위해 임의로 다음과 같은 기준으로 구분하여 대표적인 예들만 제시하고자 한다.

> (4) 명사와 부사의 통용의 예
> ㄱ. 시간적 개념
> (ㄱ) 빈도: 종종, 순간순간, 밤낮, 백날, 시종, 잠깐, 잠시, 재차, 하루하루, 한번, 그날그날, 그때그때, 매-(매일, 매번,……)
> (ㄴ) 시간이나 선후관계: 먼저, 방금, 목하, 아까, 엊그제, 그제, 어제, 오늘, 내일, 낼모레, 그쯤, 이제, 접때, 종래, 지금, 현재, 당분간
> ㄴ. 장소적 개념 : 가가호호, 가까이
> ㄷ. 양(量)적(정도적) 개념(물질적, 정신적): 저만큼, 조금, 이(요, 저, 조, 그, 고)만치, 조만큼, 소폭, 대폭, 일체, 전부, 모두, 다소, 다소간, 보통
> ㄹ. 태도 : 한편, 진짜, 기실, 기왕, 서로, 스스로, 실상, 사실상, 실제, 잘못, 이왕, 천방지축, 필연, 대략, 대체, 옥신각신, 안달복달, 직접, 진짜, 별반, 무조건, 각자, 가급적, 대강, 도통, 비교적

앞서 【표 2】에서 제시된 기준은 두 가지 차원의 것이었다. 명사와 부사에 한정해서 살펴볼 때 먼저 원형적인 명사는 대상을 가리키고 [－관

계성], [+상태성], [−일시성], [−정도성]의 자질을 갖는다. 이에 반해 부사는 속성을 가리키며 [+관계성], [+상태성], [+일시성], [+정도성]을 갖는다. 이에 기초해 위에 제시된 단어들을 살펴보면 아주 명확하게 구분되는 것은 아니지만 대체로 시간적 개념과 공간적 개념은 대상을, 나머지는 속성을 가리킨다고 볼 수 있을 것이다. 그렇다면 시간적인 개념이 가리키는 대상은 어떤 자질을 갖는가. 예를 들어 '오늘'이나 '가까이'와 같은 단어를 살펴보자. 원형적인 명사가 갖는 [−관계성]을 갖기보다는 담화 안에서 맥락의존적이라는 점에서 [+관계성]을, [+상태성]은 가진다고 볼 수 있지만 시간적인 개념이나 장소적 개념은 맥락에 따라 자꾸 변화하는 것이므로 [+일시성]을, 조금 더 빠른 시간과 늦은 시간 그리고 좀더 가까운 장소와 먼 장소를 상정할 수 있다는 점에서 [+정도성]을 갖는다고 할 수 있다. 즉 이들이 갖는 자질들은 바로 원형적인 부사가 갖는 자질들과 일치하는 것이다. 양(정도)이나 태도를 나타내는 경우는 이들이 기본적으로 대상이 아니라 속성을 가리키는 단어라는 점을 염두에 두면 역시 원형적 명사와는 거리가 멀다는 것을 알 수 있다. 속성의 개념을 대상화해서 명사로 표현하긴 했지만 명사의 기본 개념과 거리가 멀고 부사에 가깝다. 따라서 (4)에 제시된 명사, 부사의 품사 통용은 명사의 원형적 개념에서 가장 주변적인 단어들과 부사의 원형적인 개념에서 가장 중심적인 단어들이 겹쳐 있는 지점에서 나타난 것이다. 고유명이나 구체명사가 자리잡고 있는 원형의 중심에서는 부사와의 품사 통용이 일어나지 않는다.

3.3. 대명사와 부사의 통용(대부류)

대명사와 부사 통용의 예로 『표준국어대사전』에 제시된 어휘는 '언제' 하나 뿐이다. '여기'와 같은 어휘항목들은 대명사로만 처리되어 있다. 반면 한글학회『우리말 큰사전』에서는 '여기' 등이 대명사, 부사 모두의 용법을 갖는 걸로 되어 있다. 본고에서는 한글학회『우리말 큰사전』의 처리를 따르도록 한다.[5]

> (5) 대명사와 부사의 통용의 예
> ㄱ. 시간: 언제
> ㄴ. 장소: 여기, 저기, 거기, 어디

【표 2】에서 우리는 대명사의 경우를 살펴보지 않았지만 명사의 경우와 비교해서, 대상을 가리키긴 하나 [+관계성]과 [+일시성]을 갖는다는 점이 다르다는 것을 쉽게 알 수 있다. 대명사는 담화 안에서 존재하는 것이며 다른 대상과의 관계 속에서만 파악되기 때문에 [+관계성]과 [+일시성]을 갖는다. 여기에서 '그', '그것' 등 사람이나 사물을 가리키는 지시대명사에 대해 잠깐 언급하고 넘어가도록 하자. 앞에서 명사의 경우도 사람이나 사물 등 구체물을 지시하는 경우에는 부사와 품사 통용이 일어나지 않았던 것처럼 이들 지시대명사의 경우도 품사의 통용이 일어나지 않는다. 왜냐하면 이들 역시 대상을 가리키는 원형범주의 중심에 놓인 지시대명사이기 때문이다. 반면 (5)에서 제시된 예들은 시간이나 장소를 가리키기 때문에 부사로 통용될 수 있는 주변적인 지시대명사들이다[6].

---

5) 다음과 같은 예를 보자.
   ㄱ. *학교 순이가 있다.
   ㄴ. *그곳 순이가 있다.
   ㄷ. 거기 순이가 있다.
   ㄷ'. 거기에 순이가 있다.
  (ㄷ)에서 '거기'는 부사의 모습을 보이고 있다. 물론 (ㄷ')처럼 처소격조사 '에'가 결합한 어형도 쓰이지만 (ㄱ, ㄴ)과 같은 일반명사나 대명사와는 차이를 감안한다면 부사로 처리하는 것이 온당할 것이다.
6) 물론 시간이나 장소를 나타내는 모든 명사들, 또 모든 대명사들이 부사로 통용해서 쓰일 수 있는 것은 아니다. '거기'는 명사이면서 부사로 쓰일 수 있지만 '그곳'은 부사어로 쓰이려면 반드시 처격 조사를 동반해서 쓰인다. 여기에서는 단지 경향성을 말

이에 덧붙여 3.2.와 이 절에서 언급된 품사 통용의 예들이 시간과 장소 관련 단어들의 다른 품사와 부사의 품사 통용이라는 점에서 이와 관련한 원형적인 부사성에 대해 언급하고 넘어가기로 한다. 필자는 시간적 개념과 관련해서는 3.2.에서 '오늘, 어제' 등의 명부류를, 이 절에서는 '언제'라는 대부류의 예를 들었다. 또한 장소적 개념과 관련해서는 3.2.에서 '가까이' 등의 명부류, 이 절에서 '여기' 등의 대부류를 들었다. 이들이 실제로 문장에서 쓰인 다음 예들을 살펴보도록 하자.

(6) ㄱ. <u>오늘</u> 공부하고 있었다.
　　ㄱ'. *<u>오늘에</u> 공부하고 있었다.
　　ㄴ. <u>언제</u> 놀러 갈 거니?
　　ㄴ'. *<u>언제에</u> 놀러 갈 거니?
(7) ㄱ. <u>4시에</u> 놀러 갈 거야.
　　ㄱ'. *<u>4시</u> 놀러 갈 거야.
　　ㄴ. <u>5월 6일에</u> 일어난 일이다.
　　ㄴ'. *<u>5월 6일</u> 일어난 일이다.
　　ㄷ. <u>목요일에</u> 만나기로 했지.
　　ㄷ'. *<u>목요일</u> 만나기로 했지.

(6)의 예들을 살펴보면 시간을 나타내는 명부류나 대부류 뒤에 조사가 통합되는 것이 비문법적이라는 것을 알 수 있다. 반면 (7)의 예들은 휴지를 둔다든지 하는 다른 절차가 수반되지 않는다면 조사가 통합되어야 한다는 것이 특이하다. 즉 (7)의 예들은 담화와 관련 없이 특정한 시점을 지시할 수 있다는 점에서 원형적인 명사(즉, 무표적인 명사)의 특성에 가까우므로[7] 부사로 쓰일 수 없다.

또한 장소를 나타내는 단어들은 다음과 같은 양상을 보인다.

할 뿐이다.
7) 원형적인 명사는 [-관계성], [+상태성], [-일시성], [-정도성]의 자질을 갖는데 (7)의 예들은 여기서 [-관계성], [-일시성], [-정도성]의 자질을 갖는 것으로 보인다.

    (8) ㄱ. <u>여기</u>에 있다.
        ㄱ'. <u>여기</u> 있다.
        ㄴ. <u>여기에서</u> 책을 읽었다.
        ㄴ'. *<u>여기</u> 책을 읽었다.
        ㄷ. <u>학교</u>에 있다.
        ㄷ'. *<u>학교</u> 있다.

시간을 나타내는 (6)의 단어들이 조사가 오면 비문법적이었던 것과 달리 (8)의 예들은 어떤 때에는 (8ㄱ)처럼 조사가 오는 것도 가능하지만 어떤 때에는 (8ㄴ')처럼 조사가 오지 않으면 비문이 되어 버린다. 물론 (8ㄷ, ㄷ')의 보통 명사처럼 반드시 조사를 요구하지는 않는다는 점에서 (8)의 '여기'가 부사적인 성격을 지니고 있다는 점을 알 수 있다. 그러나 시간을 나타내는 부사 통용어들이 조사를 요구하지 않는 반면 장소를 나타내는 부사 통용어들은 조사를 요구하기도 한다는 점에서 전자가 후자보다 명사의 원형 범주의 중심에 위치한다고 할 수 있다. 이러한 차이는 시간적인 개념이 구체적인 실체를 전혀 가질 수 없는 것과 달리 공간적인 개념은 맥락에 따라 구체적인 실체(장소)를 가질 수 있다는 것에 기인한다고 생각된다.

3.4. 형용사와 동사의 품사 통용(형동류)

동사와 형용사가 통용되는 예는 굉장히 많다. 사실 이것은 국어의 형용사가 동사가 크게 다름이 없다는 데에서 비롯된다고 할 수 있다. 여기서는 크게 형용사 또는 동사가 상태성과 동작성을 둘 다 갖는 경우, 그리고 의태부사와 '하다'가 결합한 경우, 두 가지로 나누어 몇 가지만 예로 들기로 한다. 특히 국어의 경우에 상태성을 띠는 형용사가 시간적 경과에 따라 상태가 변화하는 과정을 나타낼 수 있기 때문에 이들의 통용은 활발히 일어나는 편이다. 품사의 통용이 일어나는 것들은 주로 동사의 경우 [+상태성]과 [+정도성]을 지니는 것들이며 형용사의 경우도 활용을 통해 동작성을 얻게 되는 것들이다.

   (9) 동사와 형용사의 통용
     ㄱ. 상태성과 동작성을 둘 다 갖는 경우 : 굳다, 굽다, 너무하다, 늦다, 틀리다
     ㄴ. 의태부사와 '하다'가 결합한 경우 : 가물가물하다, 헐렁헐렁하다

3.5. 기타

그 밖의 예들로 관형사와 명사, 수사와 관형사, 명사와 감탄사가 통용해서 쓰이는 경우가 있다. 사실 관형사, 감탄사 등은 '명사성', '동사성', '부사성' 등 품사의 성격을 논하기가 힘든 것이다. 다만 그러한 사실이 있다는 것만 언급하기로 한다. 먼저 '이지적'과 같이 '-적'이 결합된 예에서 관형사와 명사가 통용하는 것을 살펴볼 수 있다. 이 때의 명사는 앞서 말한 명사들과 성격이 전혀 다르다. 대상을 가리키는 기능이 전혀 없으며 오직 속성만을 나타내며 조사와 결합하는 양상을 보아도 온전한 명사라 하기 어렵다. 명사가 시간이나 장소를 나타내는 부사와 통용해서 쓸 경우에 맥락상에서나마 대상 지시의 기능을 담당할 수 있었던 것과 비교할 수 있다. 명사라 하더라도 이처럼 관형사/명사 통용의 예들은 명사 원형 범주의 제일 바깥에 위치하게 된다.

다음은 수사와 관형사가 통용하는 경우이다. 수사는 체언에 속하므로 명사의 속성에 준해 논할 수 있다. 다만 조응적으로 쓰이므로 대명사적인 성격도 가지고 있다고 볼 수 있다. 한 가지 특이한 점은 수사와 관형사가 1에서 4까지는 '하나/한, 둘/두, 셋/세, 넷/네'로 구분되는데 5에서 10까지는 통용해서 쓰인다는 점이다. 수사가 발달하지 않은 언어들도 대체로 3~4까지는 수사를 갖는데 이러한 경계선과 관련이 있지 않을까

한다.

　명사와 감탄사가 통용해서 쓰이는 명감류 역시 이제까지 논의했던 것들과 완전히 성격이 다르다. 감탄사는 순전히 화용론적인 것이기 때문에 그것이 어떤 대상을 지시한다든가, 속성을 나타낸다든가, 행동을 나타낸다고 볼 수 없다. 따라서 필자가 제시했던 의미론적 기준 안에서는 설명할 수가 없다.

　마지막으로 명사와 조사의 통용(명조류), 조사와 부사의 통용(부조류)이라고 하는 것들에 대해 언급하고 지나가고자 한다.

> (10) ㄱ. 네가 <u>나보다</u> 낫구나 <조사>
> 　　　 ㄴ. <u>보다</u> 나은 생활을 해보자 <부사>

　그러나 (10)의 예들은 역사적으로 전혀 다른 어휘 항목으로 변화된 것이므로 품사의 통용으로 볼 수 없다.

4. 맺음말

　이상에서 의미론적 기준을 기반으로 해서 품사 통용의 예들을 살펴보았다. 품사가 원형적으로 갖는 의미를 살펴보고 품사가 통용해서 쓰이는 예들은 대체로 한 품사의 원형 바깥쪽에 위치한 것임을 알 수 있었다. 그러나 명사, 대명사, 부사, 형용사의 의미에 한정해서 살펴봤기 때문에 관형사나 감탄사 등과 관련된 품사의 통용을 심도 있게 살펴보지 못했다. 앞으로 관형사나 감탄사 등과 관련된 의미도 의미론적 틀 안에서 함께 논의하게 되길 희망하며 글을 맺는다.

참고 문헌

고영근(1987), 『표준중세국어문법론』, 탑출판사.

─────(1993), 『표준국어문법론』(개정판), 탑출판사.

랭에이커(R. Langacker)(1987), *Cognitive Grammar*, Stanford : Stanford University Press.

바트(D.N.S. Bhat)(2000), *"Word Classes and Sentential functions"*, 포겔 외(P.M. Vogel et al.)(2000), 47-64.

박진호·황선엽·이승희(2001), 어말 'C+ ·l/ㄱ'에서의 'C+ ·/ㅡ' 탈락 현상에 대하여, 『형태론』 3권 2호.

사세(H-J. Sasse)(1993), "Syntactic Categories and Subcategories," 야콥스 외(J. Jacobs et al.)(1993), 646-686.

야콥스 외(J. Jacobs et al.)(1993), *Syntax* : ein internationales Handbuch zeitgenossischer Forschung, Berlin : de Gruyter.

예스페르센(O. Jespersen)(1924), *The Philosophy of Grammar*, London : Allen&Holt.

크로프트(W. Croft)(1990), *Typology and Universals*, Cambridge: Cambridge University Press.

─────(1991), *Syntactic Categories and Grammatical relations* : the cognitive organization of information, Chicago : University of Chicago Press.

─────(2001), *Radical Construction Grammar* : syntactic theory in typological perspective, Oxford : Oxford University Press.

포겔 외(P.M. Vogel et al.)(2000), *Approaches to the Typology of Word Classes*, Berlin: Mouton de Gruyter.

홍기문(1947), 『朝鮮文法研究』, 서울신문사.

한국어 경어법에 나타나는 대명사 제약과 화자의 기능

술탄 훼라 아크프나르

1. 서 론

한국어에서 경어법(Honorific)에 대한 정의는 그 명칭을 어떻게 할 것인가에서부터 여러 이견들이 존재한다. 그것을 대우법, 존칭법, 공대법, 높임법 등으로 부르는 그 의미에 따라 정의도 조금씩 달라진다. 그것은 그만큼 한국어에 있어서 경어법이 가지는 특별한 위치에 기인한 것이라 할 수 있을 것이다. 한국어에 있어서 경어 관계는 문법 내적인 관계뿐만 아니라 화자와 청자의 사회적 관계도 함께 연관되어 있기 때문이다. 이 글에서는 한국어의 주체 경어법과 상대 경어법을 터키어와의 대비적 관점에서 살펴보고자 한다.

2. 주체 경어법에서 나타나는 대명사 제약과
화자의 기능

주체 경어법은 상대 경어법과는 달리 터키어와 비교할 때 한국어에 특수한 한 문법적 형태로 보여진다. 화자와 청자가 관련되는 상대 경어법의 경우에도 한국어는 해라체, 해체, 하게체, 하오체, 해요체, 합쇼체의 6등급(또는 해라체, 하게체, 하오체, 합쇼체의 4원적 체계와 요통합가능형과 요통합형의 2원적 체계)으로 구분될 만큼 복잡하며 여기에 '-시-'가 그 등분 사이에 개입할 경우 등급은 더욱 복잡해진다. 이는 터키어의 경우에 평칭(sen)과 경칭(siz)으로 단순 대별되는 것과 비교해 볼 때 그 차이점은 확연하다. 터키어의 경우 이러한 평칭과 경칭의 이분적 체계는 한국어의 상대 경어법에 해당하는 것으로 언제나 화자와 청자의 관계 내에서 이루어지는 것이라 할 수 있다. 그런데 한국어의 경우 주체 경어법이라는 특수한 범주가 존재하며 그것이 상대 경어법에도 개입하여 복잡한 경어 체계를 이루고 있다. 이러한 현상을 단지 한국어의 특수한 언어 현상으로 볼 수도 있으나 이를 다른 언어와 비교할 때 그 특수성과 함께 언어의 보편적 현상도 함께 드러날 수 있을 것이라 생각한다.

이 장에서는 먼저 주체경어법의 특성을 주격중출 구문 등 그 특수한 형태들에서 살펴보고 이를 통해서 주체 경어법이 해석되어온 과정을 간략하게 살펴보고자 한다.

주체 경어법은 화자가 말 가운데 나오는 "주체"를 높이는 것이라 먼저 정의된다. 그런데 여기서 "주체"의 의미는 불명료하여 그것이 단순히 문장의 주어가 표시하는 사람으로 정의되지 않는다. 이는 다음과 같은 주격중출 구문에서 그 문제점이 지적되었다.

(1) ㄱ. 김선생님은 부인이 예쁘십니다.(서정수 1984:164)
    ㄴ. 김선생님의 부인이 예쁘십니다.(서정수 1984:164)
    ㄷ. 그 친구는 부인이 예쁘(*시)ㅂ니다.(서정수 1984:165)

(1ㄱ)의 기저형이 (1ㄴ)이라고 보면 이 문장의 주어는 부인이라 할 수 있고 그에 따라 높임의 대상이 되며 "김선생님"은 주제나 속격의 구실을 하는 것이다. 또 '부인'과 '예쁘다'가 다른 성분 없이도 단독적인 주어-서술어의 관계를 가지는 반면에 '김선생님'과 '친구'는 '예쁘다'는 단독적인 주술관계를 이루지 못한다. 그런 점에서 보면 문장의 문법적 주어는 부인임이 분명하다. 따라서 "부인"이 주어이며 동시에 높임의 주체가 된다고 할 수 있다. 그러나 (1ㄷ)을 보면 여기서는 '-시-'가 들어갈 수 없는데, 이는 단순히 "부인"이 높임의 대상인 것이 아니라 첫 번째 명사의 영향 하에서 그 높임이 결정되기 때문이다. 따라서 문장에서 주어 구실을 하는 "부인"이 단독으로는 높임의 주체 구실을 하지는 못한다고 할 수 있는 것이다. 주제어로 제시된 '김선생님'과 '그 친구'의 영향 하에서 높임의 주체가 구성되는 것으로 보인다.

> (2) ㄱ. 김선생님은 눈이 좋으십니다.(서정수 1984:165)
>   ㄴ. 이것이 아버님의 유품이시다.(임홍빈 1985:307)
>   ㄷ. 아버님의 손이 떨리신다.(임홍빈 1985:307)
>   ㄹ. 아버님은 차가 고장나셨다.(임홍빈 1985:328)
>   ㅁ. *아버님은, 철수가 차를 운전하다가 종로에서 고장을 내어,
>   차가 고장나셨다.(현재 아버지는 그 사실을 알지 못함)
>   (임홍빈1985:328)

(2ㄱ)은 문장의 실질적인 주어가 "눈"이라고 할 때 그것이 서술어의 높임을 결정하는 높임의 주체가 될 수 없음을 보여주고 있다. 사람이 아닌 사물이 문장의 주어일 경우 그 사물은 그것을 소유한 사람과의 관계에서 높임이 결정되는 것으로 보인다. 이에 대하여 장석진(1973)은 "높임의 파급"(honorific spreading)에 의해 설명하면서 첫째 명사가 주어 구실을 하다가 뒤에 가서 그것이 주제화 또는 속격화 된다고 설명하였다. (2ㄴ, ㄷ)에서 임홍빈은 '-시-'의 존대 대상이 문법적 주어가 아님을 보여주면서 (2ㄹ, ㅁ)의 예를 통해 존대 대상과 관련 상황 사이에 존재하는 "경험"이 존대에 문제됨을 지적하였다. 따라서 '-시-'는 어떤 대상을 높임과

동시에 그를 경험주로 만드는 기능을 가진다고 보았다.

이를 통해 볼 때 '-시-'는 단순히 문장 주어를 높이는 것이 아니라 그 주어와 관련된 상황에 연관되어 있으며 '주체'를 해석하는 입장에 따라 그 의미가 조금씩 달라진다는 것을 알 수 있다. 따라서 '-시-'의 해석은 통사론적인 범주 내에서 해석되지 않으며 의미론이나 화용론적인 것과 관계를 가진다고 할 수 있다. 그에 따라서 주체 존대의 '-시-'는 상대 경어법에도 개입함을 볼 수 있다.

    (3) ㄱ. 김 선생, 인사 좀 하시지.(최재웅 1995:14)
       ㄴ. 할머니, 아침은 잡수셨어?(최재웅 1995:14)

최재웅(1995)는 주체와 청자가 동일할 때 '-시-'는 '해체'나 '하게체' 등 윗사람에게 쓰일 수 없는 화계에도 결합하여 청자를 한편으로 높여 주면서 또 한편 낮추고자 하는 화자의 복잡한 심리 상태를 나타내 보여 주고자 하는 역할을 하기도 한다고 보았다.[1] (3ㄱ)은 교장이 평교사에게 이르는 말로, 화자가 보기에 청자가 자신보다 하위자이나 그를 존대해야 한다고 느끼고 있음을 보여준다. 이러한 '-시-'의 용법과 관련하여 볼 때 먼저 문장 내에서 주체라는 개념이 청자와 관계될 때 주체 경어법의 문제는 한국어의 인칭의 불확정성과 관계되는 것으로 보인다. 다음을 살펴보자.

    (4) ㄱ. *(김선생), 어르신/당신/자네/너 인사 좀 하시지.
       ㄴ. *(할머니) 어르신/당신/자네/너 아침을 잡수셨어?
       ㄷ. Nine, siz kahvaltı yaptınız mı?
          할머니, (당신은) 아침 드셨어요?

---

1) 이에 관련하여 이익섭(1994:220~222)은 화자가 존대하고자 하는 주체가 청자와 동일인일 때는 '합쇼체, 해요체, 하오체, 하게체, 해체, 해라체'의 상대 경어 6등급만으로는 부족하여 여러 중간 단계를 만들어 존대 등급을 더 잘게 쪼개어 표현할 필요를 느끼는데, 이때 '-시-'의 삽입 여부가 이러한 필요를 충족시키는 수단이 된다고 보았다.

(4ㄱ, ㄴ)은 앞서의 문장에 2인칭 대명사를 넣어본 것이다. 한국어에서는 2인칭 대명사가 평칭과 존칭으로 이분되지 않을 뿐만 아니라 상황에 따라서 다양하게 표현되며 그 각각의 형태가 포괄할 수 있는 범위도 넓지 않다. (4ㄱ)에서 "김선생"에 적합하게 대응되는 2인칭 대명사가 없는 까닭에 인칭대명사를 넣을 경우 통사적으로 부적합한 문장이 되었다. 그리고 "할머니"의 경우에는 "어르신"(어르신을 인칭 대명사로 보기도 힘드나)이 적합하지만 서술어의 화계와 호응되지 않고 있다. 인구어의 경우, 그리고 터키어의 경우에 있어서 존칭과 평칭은 문법적인 관계 내에서 결정되지만 한국어의 경우는 2인칭 대명사가 화자의 존대 의사에 따라 화용론적인 관계에서 먼저 결정되고 그에 따라 문법적인 호응 관계가 문제되는 것으로 보인다. 이처럼 2인칭 대명사가 항상 존칭 관계에 의해 제약된 상태에서 작동하기 때문에 그에 대신하여 호칭이 사용되는 경우가 많다. 이러한 관점에서 볼 때 인칭대명사를 통해 주체 존대의 문제를 살펴볼 수 있을 것 같다. 한국어에 있어서 존칭과 평칭의 이원적 체계가 불가능하기 때문에 이에 따라 존대의 문법 범주 역시 불안정한 상태를 보이는 것이 아닐까 하는 것이다. 인칭 대명사가 문장 내에서 화용론적 제약을 강하게 받는 것은 대명사가 명사의 신분성 혹은 상하위성 자질을 충실히 표현하지 못하기 때문이다. 명사의 의미론적 관계에 의해 존대가 결정된다고 할 때 대명사는 이러한 존대의 의미를 완전히 전달할 수가 없기 때문에 명사의 위치에서 제약되는 것으로 보인다. 예를 들어 '자네'가 중년 이상의 화자에 의해 성인인 연하자에게 사용되는 것과 같이 인칭대명사 역시 그 활용에 있어서 제약받고 있지만 이러한 한정된 인칭대명사로는 명사의 다양한 의미론적 변역을 모두 소화해 낼 수 없다.

터키어의 경우 평칭(SEN)과 경칭(SIZ)의 구분이 분명하고 이에 따라 인칭대명사의 명사대용 역시 활발하다. 평칭과 경칭이 주어-서술어의 분명한 문법적 호응관계를 가지고 있다는 점은 한국어의 경어법이 문장 성분의 문법적 성질을 표시하는 것이 아니라, 대화 참여자들 사이의 어떤 사회적 관계를 표시하는 것이며 주체 경어법의 '-시-'는 문장 성분(주어)에 호응하여 나타나는 것이 아니라 대화 참여자들의 사이의 관계에 호응하여 나타나는 현상이라는 점과 전적으로 구별된다.

다음으로는 주체존대를 나타내는 '-시-'의 특별한 용법들을 위주로 주체존대 내에서 화자의 의미에 대해 알아본다.[2]

    (5) ㄱ. 그 돈은 어머니께 있으십니다.(서정수 1972)
        ㄴ. 선생님께는 책이 많으시군요(서정수 1972)
        ㄷ. 선생님께 자제분이 계시던가요(정렬모 1946)
        ㄹ. 댁에 하인이 있으시던가요(정렬모 1946)

위의 예 (5ㄱ, ㄴ)에서 '-시-'는 처격어인 '어머님께, 선생님께는'이 가리키는 인물을 존대한다. 서정수(1972)는 '-시-'에 의해 존대되는 대상은 반드시 주어가 가리키는 인물만이 아니라 처격어가 가리키는 인물도 될 수 있다고 보았다. (5ㄷ, ㄹ)는 소유자를 높이기 위하여 그에 소속된 것을 높이는 경우이다. 즉, '-시-'가 결합한 서술어 '계시다, 있으시다'는 생략된 소유자를 높이기 위해 그 소유물이라 할 수 있는 '자제분, 하인'을 높인다는 것이다. 이는 장석진(1973)에 의해 '존대파급(honorific spreading)'이란 개념으로 이해되었다. 존대파급은 주어 명사구에 담화 운용소인 높임 자질[HONOR]이 배당되면 그 자매 성분에 이러한 자질이 파급되어 관련되는 동사, 명사구, 조사의 형태를 경어형으로 바꾸는 것을 말한다.

    (6) ㄱ. 삼촌 오셨다(화자 : 아버지, 청자: 아들 이익섭 1974:42)
        ㄴ. 할아버지가 진지 잡수실 땐 일어나 앉는 법이다(화자:
           할아버지, 청자 : 손자 이익섭 1974:43)

이익섭(1974)에서는 주체경어법에 작용하는 주체와 청자와의 존비관계

---

2) 다음에서는 임동훈, "주체경어법"(『문법연구와 자료』, 태학사, 1998)를 중심으로 논의 전개를 살펴본다.

가 중요한 것으로 파악되어, 주체경어법은 주체가 화자보다 높을 때에만 성립되는 것이 아니라 주체가 화자보다는 하위자일지라도 청자에게 상위자이면 사용될 수 있고 나아가 주체가 화자와 동일할 때에도 주체가 청자보다 상위자일 때에는 사용될 수 있음을 지적하였다.

> (7) ㄱ. 댁에서 버스정류장이 멀어서 불편하실걸(Lukoff 1978:554)
> ㄴ. 댁에서 버스정류장이 머셔서 불편하실걸(Lukoff 1978:555)

(7ㄱ)은 앞절 서술어에 '-시-'가 결합하지 않았고 (7ㄴ)에는 '-시-'가 결합하였다. Lukoff(1978)에 따르면 (7ㄱ)은 '버스정류장이 멀다'라는 사실이 존대 대상에 특별히 관련되지 않는 일반적이고 객관적인 것으로 간주되어 '-시-'가 결합하지 않았고 (7ㄴ)은 그 사실이 존대 대상에 개인적으로 영향을 미치는 것으로 간주되어 '-시-'가 결합했다고 본다. Lukoff(1978)에서 특기할 점은 존대 대상을 바라보는 화자의 태도가 '-시-'의 사용에 영향을 미치고 있다고 파악한 점이다.

임동훈(1996)은 강창석(1987)이 '-시-'의 기본 의미가 문법적으로 동작 주체가 가지는 객관적 의미 자질인 [+상위성]을 나타내는 표지이며 '-시-'의 주변 의미는 동작 주체의 [−하위성]을 나타내는 표지로 해석하는 논의를 비판적으로 검토한다. 즉 [+상위성]은 동작 주체의 객관적 의미 자질이라기보다 화자가 위계 관계나 친소 관계를 고려하여 부여한 사회적 자질로 이해해야 한다는 것이다. 다시 말해 국어의 존대자질은 인구어의 일치 자질과 달리 한 단어의 내재적 자질이라기보다 사회적으로 부여되는 외적 자질로 보아야 할 것이며 이러한 사실은 경어법의 화용론적 성격을 부각시킨다는 것이다. 이러한 논의를 바탕으로 임동훈(1996)은 사회적 지시소인 '-시-'가 화자의 존대행위에 널리 쓰이게 되면서 '-시-'는 본래의 주어 정향적 속성 외에 화자 정향적 속성도 차츰 띠게 되었다고 본다. 즉 원래 '-시-'는 주어 인물의 어떤 속성(상위성)을 부호화하는 기능을 가진 것으로 파악되나 현대한국어의 '-시-'는 차츰 화자 정향적 속성도 획득해가고 있다는 것이다.

3. 상대 경어법에 나타나는 인칭과 화자 기능

상대 경어법은 청자 대우법이라고도 불리는 것으로서 화자가 청자에 대해서 자신을 다소 낮추면서 상대를 높이게 되는 존대 형태이다. 상대 경어법을 담당하는 요소는 종결어미이다. 주체존대와 객체존대가 선어말 어미에 의해서 이루어지는 것과는 대조적이다. 그리고 그 등급도 일반적으로 6등급으로 보면 1) 해라체 2) 해체(반말) 3) 하게체 4) 하오체 5) 해요체 6) 합쇼체로 나누어 볼 수 있다.

앞서 지적한 것처럼 한국어는 2인칭 대명사의 위치가 불안정한데, 불어나 독어, 터키어에서 보이는 것과 같이 2원적 체계(tu/vous, du/Sie, sen/siz)가 성립되지 않는다. 청자의 신분에 따라 '너, 자네, 당신, 댁, 어르신' 등으로 세분될 뿐만 아니라 이러한 2인칭 대명사의 사용 역시 문맥과 그 발화 상황에 의해 강하게 제약받는다. 그리고 1인칭 대명사 역시 나/저 우리/저희 등과 같이 발화 상대에 따라 구별된다. 이와 같이 한국어의 인칭대명사는 평칭과 경칭으로 양분될 수 없으며 그 상황에 따라 세밀하고 복잡하게 구분된다.

한국어의 2인칭 대명사는 여러 등급으로 세분화되어 있으나 이들 대명사의 어느 것으로도 호칭할 수 없는 사각지대가 존재한다. 그리고 대명사 호칭 하나 하나의 용법이 매우 까다롭다는 것도 큰 특징이다. 또한 경어 단계가 높아질수록 청자를 곧바로 지칭하지 못하고 주어가 생략된다.

    (8) ㄱ. 와서 내 손을 잡아라
        ㄴ. (너는) 고향이 어디야?
        ㄷ. 이 일은 자네가 하게
        ㄹ. 당신은 가지 않겠소?
        ㅁ. 이쪽으로 곧장 오세요
        ㅂ. 이리로 오십시오.

그런 까닭으로 한국어의 경우, 2인칭 대명사가 활발하게 사용되지 않고 그것을 대신하는 호칭어들이 지칭의 주된 역할을 하고 있다. 이와 대조적으로 터키어 2인칭 대명사는 서구의 여러 언어들에서 나타나는 tu/vous의 2원적 체계를 반영하고 있고 어말어미 변화로 대부분의 관계를 표현할 수 있다는 점이 특징이다.

> (9) ㄱ. (Sen) İçeri gir
> (너는) 안으로 들어와라.
> ㄴ. (Siz) İçeri gir-iniz.
> (당신께서는) 안으로 들어오십시오

터키어에 있어서 주격은 생략되는 경우가 많은데, 그 경우 인칭 관계는 어말어미를 통해 드러난다. 위의 예문들에서 보이는 것과 같이, 주어는 많은 경우 생략된다. 그리고 터키어에는 주격 어미가 존재하지 않기 때문에 주어가 드러난다 해도 한국어에서처럼 주격 조사를 통한 존칭 관계는 성립하지 않는다. 한국어 주격 조사가 평칭 주격조사 '이/가'와 존칭 주격조사 '께서'로 구분되고 그를 통해 존칭의 정도가 설정될 수 있다는 점과는 대조적이다.

> (10) Hocam, tebeşir bitti.
> 선생님, 분필이 떨어졌(어요).
> (11) Baba, bugün ders erken bitti.
> 아버지, 오늘 수업이 일찍 끝났(어요).
> (12) Hoca gitti.
> 선생님이 갔다(가셨다).
> (13) 아버님께는 그 옷이 어울리신다.(임홍빈 1985)
> (14) 영희야, 할머니 좀 모시고 가거라.(이익섭·채완 1999)

또한 한국어와 대비하여 특징적이라 할 수 있는 터키어 경어법은 존칭의 대상이 직접적으로 상대자가 아닐 경우 존칭의 어말어미를 사용하지 않는다는 점일 것이다. 예문 (10)에서 보듯이 학생이 선생에게 'tebeşir bitti'(분필이 떨어졌다)라고 할 때 동사 어근 bit-(떨어지-)에 과거시제어미 '-ti'가 왔으나 높임어미는 사용되지 않았다. 그것은 분필이 떨어졌다는 사실이 상대자인 선생님과 관계없이 일어나는 사실로 간주되기 때문이다. 분필이 선생님의 소유물이라 할지라도 그것은 존칭·평칭과 관계없는 객관적 사실을 전달하는 것으로서만 인식된다. 예문 (11)에서는 아이가 아버지에게 수업이 일찍 끝나는 것을 알려 드리는 것이기 때문에 높임어미가 쓰이지 않았다. 예문 (12)에서도 역시 한 학생이 다른 학생들에게 선생이 갔다는 것을 알려 주기 때문에 높임어미가 사용되지 않는다. 예문들을 보면 분필이 떨어지는 것, 수업이 일찍 끝나는 것, 선생님이 가는 것은 그 때의 상태에 대한 이야기, 즉 객관적인 사실의 전달이기 때문에 문장 뒤에 높임어미가 오지 않는다. 이는 (10), (11), (12) 예문들에서 한국어에 해당되는 경우 "선생님, 분필이 떨어졌다", "아버지, 오늘 수업이 일찍 끝났어", "선생님이 갔다"와 같은 표현이 불가능하다는 점에서 대조적이다. 그것은 한국어의 경우에 있어서 예문 (13)에서 보는 바와 같이 상대자가 존칭의 대상일 경우에 그에게 속하는 대상물 역시 존칭의 대상이 되기 때문이다. 다시 말해 3인칭의 지칭되는 주체일 경우 거기에는 언제나 화자와의 관계가 내재되어 있다.

이러한 관계가 더욱 분명해지는 것은 한국어에 객체경어법의 형태가 존재한다는 점일 것이다. 한국어에는 '묻다 → 여쭙다', '만나다 → 뵙다', '데리고 → 모시고' 등 객체에 대한 존대를 나타내는 특수한 동사가 존재하고 있다. 현대 한국어에 있어 객체 경어법이 주체 경어법에 비해 활발하지 않은 것은 '-시-'에 대응되는 '-습/숩/줍-'과 같은 객체 존대의 문법형태가 사라졌기 때문이다. 그러나 존대되는 사람과 관련된 사실을 전달할 때 그것은 하나의 객관적 사실의 전달이 아니라 그 문장의 화자의 관점에서 전달되는 주관적 사실이라는 점에서 객체 존대는 한국어 경어법에 있어서 여전히 특징적인 일면을 이루고 있는 것이 아닌가 생각해 볼 수 있다.

그러므로 터키어에 있어서 존칭 관계가 2인칭에 한정된다는 점에서 비추어 보면 3인칭 주체 존대는 한국어의 경어법의 큰 특징이다. 한국어에는 문장에 언제나 발화자의 의도가 개입되기 때문에 전달되는 내용은 언제나 화자의 관점을 내포한다. 그러므로 경어 관계에는 사회적 상하관계보다 문장 발화자의 존대 의사가 더 중요하게 반영된다.

(15) 가. hocan gitti *네 선생(님)이 갔다.
　　 나. hocam gitti. *내 선생(님)이 갔다.
　　 다. hocanız gitti *당신의 선생님이 갔다.

터키어의 경우 존대의 대상이 되는 선생님이 3인칭주어로 나타나는 문장에서 경어 관계는 나타나지 않는다. 이 경우 사태에 대한 명제적 기술이므로 그 명제 속의 주어는 그 발화자와 전혀 연관 관계를 가지지 않는 것으로 파악된다. 곧 이 문장의 발화자는 이 문장 내용에 관여적이지 않다. 그런데 이를 한국어로 옮기면 그 문장들은 모두 옳은 문장이 되지 못한다. 이는 한국어 문장 구조에 있어서 언제나 그 심층 구조 안에 존대 관계를 파악하는 화자 자질이 있기 때문으로 보인다. 다시 말해 한국어에는 문장에 언제나 발화자의 의도가 개입하기 때문에 전달되는 내용에는 언제나 화자의 감정이입이 존재한다.

터키어와 달리 한국어에 3인칭 존대가 가능해지는 것은 문장에 언제나 발화자가 전제되기 때문인 것으로 보인다. 문장으로 기술된 사태는 언제나 화자에 의해 제시된 사태의 형식으로 나타나며 사태의 객관적 제시는 극히 한정된 상황에서만 허용된다.

(16) 가. 이현희(1985)는 중세국어의 격어미에 대해 분석한다.
　　 나. 세종은 한글을 만들었다.
　　 다. 영호는 7시에 집을 나선다.

논문, 역사적 사실, 소설에서의 전지적 작가시점 등의 경우에는 사태는 객관적인 것으로 가정된다. 이때 문장의 화자는 문장의 내용과 직접적인 연관을 지니지 않는 것으로 파악되기 때문에 여기에는 존대의사가 개입되지 않는다. 그러나 (16가)의 경우에는 직접 논문을 발표하는 경우라 할 때는 "이현희 선생님은 중세국어의 격어미에 대해 분석하시면서…" 등으로 문장의 3인칭 주체와 화자의 존대 관계가 다시 나타나기도 한다.

> (17) 가. 해는 동쪽에서 뜬다.
> 나. 해는 동쪽에서 뜹니다.
> 다. 해는 동쪽에서 뜰 것이다./뜰 것입니다
> 라. 해는 동쪽에서 떴다./떴습니다.

(17가)는 단순히 사태 진술이라 파악할 경우, 여기에는 경어 관계가 없다고 파악할 수 있지만 이를 (17나)와 대비시켜 볼 때 거기에는 청자에 대한 하대의 표현이 된다. (17나), (17다), (17라)에서도 모두 화자와 청자의 관계가 유추될 수 있는 것으로 보인다.

4. 결론

이러한 관점에서 보면 한국어 경어법 연구에서 인칭에 따른 존대의 구별이 좀더 중요하게 언급되고 있지 않은 것 같다. 이런 점에서 한국어 경어법의 경우, 주체 존대, 객체 존대, 상대 존대의 구분뿐만 아니라 인칭의 문제도 중요하게 거론될 때 타 언어와의 차별점이 분명하게 나타나리라고 할 수 있다. 비교언어학적인 관점은 이러한 측면에서 한국어 경어법을 이해하는 한 관점이 될 수 있으리라 생각한다.

참고 문헌

강창석(1987), "국어경어법의 본질적 의미", 울산어문논집 3, 울산대 국어국문학과.

고영근(1997), 『표준중세국어문법론』, 집문당.

김종훈 편저(1984), 『국어경어법 연구』, 집문당.

서정수(1984), 『존대법의 연구』, 한신문화사.

서종학(1985), "현대국어 경어법에 대한 고찰", 울산어문논집 2, 울산대 국어국문학과.

서태룡 외 편저(1998), 『문법연구와 자료』, 태학사.

이익섭(1974), "국어 경어법의 체계화 문제", 국어학 3.

이익섭·이상억·채완(1997), 『한국의 언어』, 신구문화사.

이윤하(1999), "현대 국어의 대우법 연구" 서울대학교 박사학위논문.

이현희(1985), "근대국어경어법의 몇 문제" 한신어문연구 1.

임동훈(1996), "현대국어 경어법어미 '-시-'에 대한 연구," 서울대학교 박사학위논문

임홍빈(1990), "존대법", 국어연구 어디까지 왔나, 동아출판사.

임홍빈·장소원(1995), 『국어문법론 1』, 한국방송대학교 출판부.

허　웅(1995), 『20세기 우리말의 형태론』, 샘문화사,

Akpınar, Sultan Ferah(1999), "한국어와 터키어의 경어법에 대한 대조 연구" 서울대
　　　학교 국어국문학과 석사학위논문.

한국어와 터키어의
상대시제와 절대시제에 대하여

-한국어 과거시제어미 '-었-'과 터키어 과거시제어미 '-DI-'를 중심으로-

후세인 크르데미리

1. 서 론

　본 논문에서는 한국어와 터키어의 상대시제와 절대시제를 살펴보기로 한다. 상대시제에 대해서 콤리(B. Comrie, 1976:2; 1985:58)는 언급하고 있는데 그의 상대시제와 절대시제란 정의를 중심으로 두 언어를 비교하고자 한다. 두 언어의 공통점보다 차이점을 보여주는 것이 훨씬 재미있고 두 언어를 이해하기에 도움이 될 것이라고 생각했기 때문에 차이점을 보여줄 수 있는 시제어미로서 한국어 과거시제어미 '-었-'과 터키어 과거시제어미 '-DI-'의 상대시제 기능을 살펴볼 것이다.

　시제의 정의와 상대시제의 개념에 대해서 간략히 설명한 후에 터키어 시제 분류를 소개할 것이다. 본 논문에서는 두 언어의 단문, 접속문 그리고 동사어간에 접미된 시제어미들로 이루어진 문장에서의 상대 시제와 절대시제의 기능을 살펴볼 것이다. 마지막으로 앞에서 논의한 바를 정리하고 과제와 방향을 제시하는 것으로 결론을 대신하고자 한다.

2. 시제의 정의와 상대시제의 개념

시제(時制)란 어떤 사건·행위·상태 등의 시간적 위치를 언어로써 나타내는 문법범주이다[1]. 즉 이것은 어떤 기준시를 중심으로 사건·행위·상태 등의 앞 뒤 시간적 위치를 언어로서 표현하는 문법 범주이다. 시제는 자연의 시간과 일치하지 않으며, 언어에 따라서 달리 실현된다.

시제는 기준시(time reference)에 따라 여러 가지로 나뉘는데 기준시는 어떤 상황의 시간적 선후 위치를 판가름하는 기준이 되는 때를 뜻한다. 기준시에는 발화시(utterance time)와 사건시(event time)가 있다. 발화시는 화자가 어떤 상황에 대하여 이야기하는 때이고, 사건시는 어떤 사건이 일어난 때이다. 발화시를 기준시로 하는 시제를 절대시제(absolute tense)라고 하고, 사건시를 기준시로 하는 시제를 상대시제(relative tense)라고 한다[2].

---

1) 클라인(W. Klein)(2001: 205)에서는 '시제는 문법화된 시간적인 관계이다'고 한다. 라이온스(Lyons) 1968:305, 콤리(1976:5)에서는 시제란 시간상의 특성 시점을 기준으로 하여 상황의 시간적 위치를 나타내는 문법범주라고 말한다.

2) 콤리(1985:58)에서는 절대시제와 상대시제의 차이점을 기준시가 발화시인가, 아니면 발화시가 아닌 제3의 시점인가의 여부의 차이점에 두는 것이 아니라, 발화시를 기준시로 명시하는 의미를 가진 형식과 발화의 현재 순간이 반드시 기준시일 것임을 명시하지 않는 의미를 가진 형식 간의 차이점에 두고 있다.

클라인(2001:207)에서는 '절대적 시제'와 '상대적 시제' 사이에 어떤 차이를 발견하게 되는데 전자는 직시적이고 후자는 문맥에서 주어진 어떤 다른 시간에 관해, 예를 들어 명시적으로 표현되거나 적어도 함의되는 어떤 사건의 시간에 대해 상대적이다. 이러한 의미에 있어서 상대적 시제는 조응적 시간관계이라고 한다.

남기심(1975)에서는 言述時點(발화시)을 기준으로 하여 시제가 나타나는 것을 절대시시제는 어떤 사건의 발생시점이 기준시를 기준으로 기준시 앞에 놓이는 선행시(anterior), 기준시와 일치하는 동시(simultaneous), 뒤에 놓이는 후행시(posterior)로 나뉘며 흔히 이들을 발화시 기준으로 표현할 때 과거, 현재, 미래라고 표현하기도 하는데 이는 각각 발화시 기준 선행시, 동시, 후행시의 개념과 같다.

기준시는 발화시 기준의 절대시제와 사건시 기준의 상대시제로 나뉘는데 여기서 과거, 현재, 미래라는 용어를 사건시의 기준의 경우에도 써서 발화시나 사건시를 포괄한 개념으로 선행시, 동시, 후행시의 개념과 같게 쓰도록 한다. 이들을 시제의 직선축상에 표시하면 다음과 같다.

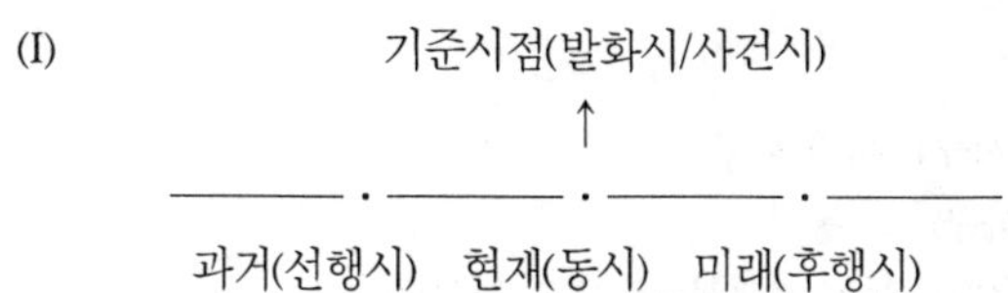

이 표를 예문으로 설명하면 다음과 같다.

   (1) a. 아이들이 냇가에서 즐겁게 놀고 있다.(이익섭 1978:367)
       b. 아이들이 냇가에서 즐겁게 놀고 있었다.

예문 (1)을 발화시를 기준으로 하는 절대 시제로 보면 (1a)는 현재시제

제라고 하고 그 기준이 言述狀況에 있지 않은 것을 상대시제라고 하였다.

  임홍빈·장소원(1995:415)에서는 발화시를 기준으로 하는 시제를 '절대 시제(absolute tense)'라 하고, 발화시 외의 시제 주로 주절의 시제를 기준시로 성립하는 시제를 '상대시제(relative tense)'라 한다.

  절대시제와 상대시제의 구분을 도입한 한국어 업적으로는 남기심(1978), 남기심·고영근(1985/1994), 이익섭(1978), 이익섭·임홍빈(1983), 임홍빈·장소원(1995), 한동완(1996) 등이 있고 터키어 업적으로는 아케리손·오질(Fatma Erkman, Akerson,·Şeyda Ozil(1998)이 있다.

  남기심·고영근(1985/1994: 303)과 클라인(2001: 207)에서는 '절대적 시제'와 '상대적 시제'라는 용어를 쓴다.

이고, (1b)는 과거시제이다. 그런데 사건시를 기준으로 하는 상대시제로 보면 둘 다 현재시제이다.

3. 터키어의 시제 분류

터키어 문장구조에서 동사구는 필수적인 요소이라서 여러 어미들도 동사어간에 접미되어서 여러 기능을 갖는 것이다. 터키어 문장구조는 다음과 같다.

(2) 문장(S)→ (명사구) + 동사구
    동사구→(명사구) + 동사
    동사(어간)→ (태) (동작상) (서법) 시제 인칭형어미

터키어 문장구조에서는 동사구가 꼭 있어야 하고 동사구에서도 동사는 가장 필수적인 요소이다. 동사어간에 접미된 어미들 중에도 시제는 필수적인 요소이다. 즉 터키어 동사어간에는 시제가 무조건 있어야 하고 시제어미가 없으면 문장을 만들 수 없다. 동사어간에 온 어미들에 대한 예문들은 다음과 같다.

(3) a. kır-ıl-dı(깨-지-었-다)→kır-(깨-)-ıl-(피도어미)-dı-(과거시제어미)-다[3]
    b. öl-dür-ür(죽-이-다)→öl-(죽-)-dür(사동어미)-ür(부정과 거시제어미)
    c. koş-acak(뛰겠다)→koş-(뛰-)-acak(미래시제어미)
    d. oku-muş-tu(일었었다)→ oku-(읽-)-muş(완료상)-tu(과거시제어미)
    e. ayrıl-ır(떠나-ㄴ다)→ayrıl-(떠나-)-ır(부정과거시제/미완료상/인식양상)

---

3) 터키어에서 한국어 종결어미 '-다'에 대응되는 어미가 없다.

위와 같은 예문들에서 보듯이 시제어미가 반드시 있어야 함을 알 수 있다. 또한 시제어미가 다른 어미들과 같이 쓰이거나 혼자 쓰일 수 있다는 것을 알 수 있다.

교착어인 터키어에는 시제어미들이 하나하나 동사어간 뒤에 접미되기도 하고 둘이 합쳐서 동사어간 뒤에 접미되기도 한다. 현대 터키어의 단순 시제법 체계와 시제어미는 다음과 같다. 부정과거 시제(-(A/I)r[4]-), 현재 진행 시제(-(I)yor[5]-), 과거시제(-DI[6]-), 과거완료시제(-mIş[7]-), 미래시제(-(y)AcAk[8]-)이다. 시제의 가장 일반적인 대립은 과거·현재·미래로 삼분 대립되거나 현대·과거의 이분대립이 된다. 때로는 시제를 과거·비과거로 나누는 경우도 있다. 터키어의 시제의 대립은 아래와 같다.

(Ⅱ) 지금 말하는 시점을 중심으로(발화시)

(4) Çolsu çok ders çalış-ır(/tı/mış/ıyor/acak).

시제	비확정 시제	확정 시제		
	부정과거	과거	현재 진행	미래
어미	'-(A/I)r-'	'-DI-', '-mIş-'	'-(I)yor-'	'-(y)AcAk-'

철수 열심히 공부 하-발화시 부정과거(/ 발화시 과거/발화시
과거완료/발화시 현재 진행/발화시 미래)
→"철수가 열심히 공부한다."

---

4) 이 어미는 전형적으로 불명확한 현재를 가리키는 것으로 습관적 동작상을 나타내는 기능과 총칭적 진술의 사용에서 유래되는 것이다. 그것은 또한 현재 진행시제어미 '-(I)yor-'처럼 서법적 기능, 특히 문맥에 따라 가능성이나 의도를 가리키는 기능을 가지기도 한다.

5) 전형적으로 현재진행의 모습을 가리킨다. 그것은 또한 습관적 행위를 가리키거나 미래 참조에도 사용될 수 있다.

6) 화자에 의해 의식적으로 경험된 사건이나 상황을 표현하는 진술에 사용된다.

7) 어떤 종류의 증거에 입각하여 획득한 사건들에 대한 정보를 표현하는 데 사용된다.

8) 미래 참조에 쓰이는 '-(y)AcAk-'는 추정적 서법의 표시어로 가장 잘 분석되는 것으로 그것을 미래의 사건들에 응용하여 많은 용도를 탄생시킨다. '-(y)AcAk-'는 예측된 사건의 발생에 관한 정도의 확신을 표현한다.

예문(4)에서 보듯이 시제를 표시하는 부분은 'ders çalışmak(공부하다)'의 활용형 'ders çalışır(공부한다), ders çalıştı(공부했다), ders çalışmış(공부했더라), ders çalışıyor(공부하고 있다), ders çalışacak(공부하겠다)'인데 이와 같은 활용형에 국한하여 시제 범주를 설정하는 것이 보통이다. 이 예문들이 발화시를 중심으로 하는 절대시제를 표현한다.

(Ⅲ) 과거의 한 순간을 중심으로(사건시)

(5) Çolsu çok ders çalış-ırdı(/ırmış /dıydı /mıştı /mışmış

	비확정 시제	확정 시제		
시제	부정과거	과거	현재 진행	미래
어미	'-(A/I)r olacak', '-(I)yor olacak'	'-mIş olacak'	'-(I)yor olacak'	—

철수 열심히 공부 하-사건시 미완료 과거(/사건시 미완료 과거 완료/사건시 완료 과거/사건시완료 과거완료/사건시 미완료 현재 진행/사건시 미완료 과거완료/ıyordu/ıyormuş/acaktı/acakmış) /사건시 미완료 과거/사건시 미완료 과거완료) →"철수가 열심히 공부하고 있었다."

(Ⅳ) 미래의 한 순간을 중심으로(사건시)

(6) Çolsu çok ders çalış-ır olacak(/ıyor olacak/mış olacak).

	비확정 시제	확정 시제		
시제	부정과거	과거	현재 진행	미래
어미	'-(A/I)r olacak', '-(I)yor olacak'	'-mIş olacak'	'-(I)yor olacak'	—

철수 열심히 공부 하-사건시 미완료 미래(/사건시 미완료 미래/사건시 완료 미래) →"철수가 열심히 공부할 것이다."

예문(5~6)에서 보듯이 동사어간에 연결된 시제어미들이 각각 과거의 한순간이나 미래의 한 순간을 중심으로 사건시를 표현한다.

4. 한국어 과거시제어미 '–었–'과 터키어 과거시제어미 '–DI–'를 중심으로 절대시제와 상대시제의 비교

한국어 과거시제어미 '-었-'의 절대시제와 상대시제에 대해서 어떤 기능과 의미를 가지는지 그리고 어떤 시제어미와 결합해서 같이 쓰이는지를 살펴보고 터키어 과거시제어미 '-DI-'와 비슷하거나 다른 관련점들을 살펴보고자 한다.

4.1. 단문에서 절대시제와 상대 시제

> (7) 철수는 아버지를 많이 닮았다.
> Çolsu babasına çok benziyor.

예문(7)에서 '닮다'의 활용에서 동사어간에 어미로서 '-었-'이 접미된다. 하지만 여기서 '-었-'이 과거시제어미라는 등식은 성립하지 않는다. '철수는 아버지를 많이 닮음'이라는 전접상황이 단순히 과거상황이라고 보기는 어렵기 때문이다. 철수가 아버지를 닮은 과거의 상황에 있어서, 그것을 지시한다고 볼 수 없다. 이것은 한국어에서 단순히 현재상태를 의미하는 것으로 보인다. 다시 말해서 화자가 철수가 아버지를 닮은 것에 대하여 인식을 종결한 후 계속 그 인식을 유지해야 한다고 생각한다. 그래서 '-었-'은 사건시를 중심으로 하는 상대시제를 표현한다. 터키어의 경우에는 이 문장에 대해서 비슷한 설명을 해줄 수 있다. 철수가 아버지

를 닮은 것을 화자가 인식하고 그 인식을 계속 유지해야한다고 생각한
다. 하지만 동사어간 뒤에 한국어와는 달리 '-었-'에 대응되는 '-DI-'가
아니라 현재 진행시제 어미 '-(I)yor-'가 접미된다. 이 어미는 예문(7)에서
철수가 아버지를 닮은 것이 진행되고 있음을 표현한다. 화자가 사건시를
중심으로 철수가 아버지를 닮는 것을 인식하고 있고 이것이 계속 진행
될 것이라서 상대시제를 나타낸다. 한국어와 마찬가지로 철수와 아버지
가 서로 닮은 상황이 과거에 존재했다고 말할 수 없다. 결과적으로는 한
국어와 터키어에서 상대시제의 개념이 같은데 터키어에서는 한국어와는
달리 과거시제어미가 제약을 받아서 상대시제를 제시하기 위하여 현재
진행시제어미가 쓰인다.

> (8) a. 동생이 배가 아프다고 투덜거려요(이익섭 1978:368)
>   Kardeşim karnım ağrıyor diye yakınıyor.(절대시제/상대시제를 표현
>   할 때)
>   b. 동생이 배가 아프다고 투덜거렸어요.
>   Kardeşim karnım ağrıyor diye yakındı.(절대시제를 표현할 때)
>   Kardeşim karnım ağrıyor diye yakınıyordu.(상대시제를 표현 할때)

예문(8a, b)에서 '아프다'는 현재형을 취하고 있지만 발화시를 기준으
로 보면 (8b)에서 '배가 아프다'가 과거의 일이 될 것이다. '아프다'가 사
건시를 중심으로 할 때 예문(8a, b)의 둘 다 현재, 즉 상대시제로서의 현
재이다. (8a)에서 터키어 문장은 발화시를 기준으로 보면 현재진행이고
(8b)는 과거이다. (8a)에서 동생이 배가 아프다고 투덜거리는 것이 현재에
도 진행되고 있음을 알 수 있지만 (8b)에서는 동생이 투덜거리는 것이
완료되어 이제 배가 아프지 않다는 것을 알 수 있다. 이러한 설명이 한
국어의 발화시를 중심으로 하는 절대시제와 유사하다고 볼 수 있다. 터
키어에서 상대시제 개념을 뚜렷이 이해하기가 쉽지 않은 것 같은데 그
이유는 과거시제어미 '-DI-'의 현재시제 또는 현재진행시제의 의미나 기
능을 잘 포괄하지 못했기 때문이다. 임칠성(1991:22)에서 '동양에서 과거
는 사라지는 것이 아니라 현재의 직접적인 원인을 이루고 있으므로 현

재는 과거를 그 속에 포함할 수밖에 없다. 그리고 과거가 현재의 바탕으로서 의의를 갖듯이 미래는 현재의 결과로서 의의를 갖는다'고 하는데 한국어 과거시제어미가 터키어 시제어미보다 포괄적으로 사용된다고 할 수 있다9). 그래서 터키어에서는 상대시제를 표현할 때 또 따른 시제어미를 필요로 한다. 이것이 현재진행시제 어미 '-(I)yor'이다. 두 어미가 합쳐져서 '-(I)yorDI-'로 형성된다. 따라서 (8a)는 사건시를 중심으로 하면 현재진행이고 (8b)는 사건시를 중심으로 하면 동사어간 뒤에 '-(I)yorDI-'가 와서 사건시에서 현재진행을 표현하게 된다.

4.2. 접속문에서 절대시제와 상대 시제

접속문에서의 절대시제와 상대시제가 어떻게 될 것인지를 알아보고자 한다.

> (9) a. 봄이 가고 여름이 오는구나. (이익섭 · 임홍빈 1983:181)
>   İlkbahar bitip yaz geliyor.
>   b. 봄이 가고 여름이 왔다.
>   İlkbahar bitip yaz geldi.

(9a)는 발화시를 중심으로 하면 현재이고 (9b)는 과거이다. (9b)의 '가고'는 과거의 상황인데 '-었-' 없이 쓰였다. 만일 '가고'를 현재형이라고 한다면 상대시제의 개념을 도입하여 '여름이 왔다'의 상황이 일어난 과거를 기준시로 한 현재라고 이해한다. (9a)는 터키어에서 봄이 거의 완료되고 이제 여름이 오는 것을 표현하기 때문에 현재진행이고 (9b)는 봄이

---

9) 서정수(1976)에서는 '-었-'이 15개나 의미를 가진다고 언급한다. 그것들은 과거상태, 과거 진행, 과거반복, 과거완결, 과거완결상태, 과거지속, 과거불확정, 현재상태, 현재진행, 현재반복, 현재지속, 현재완결, 현재완결상태, 미래상태, 미래완결 등이다.

완전히 끝났고 여름이 왔다는 것을 표현했기 때문에 과거이다. 즉 여름이 오는 것이 완료되었다는 뜻이다. 사건시를 중심으로 하면 (9a)는 현재진행이고, (9b)도 현재진행이다. 왜냐하면 여름이 왔고 여름이 계속 진행되고 있기 때문이다. 그러면 여기서 터키어 상대시제를 표현할 때는 왜 예문(8)과 같이 현재진행시제어미가 동사어간 뒤에 추가되지 않는가? 문장이 접속적이기 때문이다. 즉 선행절이 완료되고 후행절이 시작됐기 때문에 문장 전체에 진행이 있는 것을 볼 수 있다.

> (10) a. 농부는 밭을 갈았고 아내는 시를 뿌렸다. (이익섭 1978:375)
>   Çiftçi tarlayı sürdü, karısı tohum serpti.
>   b. 농부는 밭을 갈고 아내는 시를 뿌렸다.
>   Çiftçi tarlayı sürüp karısı tohum serpti.
> (11) 대학교에 가서/*갔어서 친구를 만났다.
>   Üniversiteye gidince arkadaşla buluştum.

이익섭(1978:375)에서는 (10a)의 경우를 '상대시제' 형식으로 보고 있으나 (10a)와 (10b)의 차이가 무엇에 연유되는지에 대한 문제가 좀더 면밀히 연구되어야 할 것이라는 설명을 덧붙이고 있다. (11)은 선행절 상황과 후행절 상황이 계기적인 경우로서, 선행절이 발화시 이전의 상황이면서 동시에 후행절 시점 이전의 상황임에도 불구하고 '-었-'의 출현이 불가능하다는 점에 문제가 된다.

대등접속어미로 이루어진 (10)과 종속접속어미로 이루어진 (11)에서는 후행절의 시점을 기준으로 하는 것으로 보인다. 그러면 선행절의 시제가 없다고 할 수 있는지 혹은 상대와 절대 시제의 기준이 없는지에 대해서 밝혀야 한다. 한동완(1996:111~112)에서는 전통적으로 상대시제 해석을 받는 연결어미들은 종속접속의 기능을 갖는 것으로, 그리고 절대시제적 해석을 받는 연결어미들은 대등접속의 기능을 갖는 기술되어 왔다고 한다. 그는 '접속을 구성에서의 시제 해석 원리'를 다음과 같이 제시하였다.

(12) '접속문 구성에서 시제 요소 A가 다른 시제 요소 B에 의해 성
　　분―지휘(c-command)될 경우, 그 기준시는 B에 의해 지시되는 시점
　　이 되지만, 그렇지 않을 경우, 기 기준시는 발화시가 된다.'

한동안(1996:112)

한동완(1996)에 의하면 (10a)의 문장에서 선행절은 후행절에 통합된 시제 요소에 의해 발화시를 기준시로 하는 절대시제에 따르게 된다. (10b)와 (11)의 선행절은 후행절에 통합되어 실현되는 시제 요소에 의해 지시하는 시점을 기준시로 하는 상대시제에 따르게 된다. (10a)의 경우 선행절의 시간과 후행절의 시간을 별개의 상황으로 제시한 것이고, (10b)는 두 사건을 묶어 하나의 상황으로 제시한 것이라고 할 수 있다.

터키어에서 (10a)의 경우는 한국어와는 똑같이 선행절의 사건과 후행절의 사건이 별개의 상황으로 제시할 수 있다. 의미상으로 볼 때는 선행절과 후행절이 동립적이라고 한다. 'Çiftçi tarlayı sürdü(농부는 밭을 갈았)'다는 사건과 'karısı tohum serpti(아내는 시를 뿌렸)'다는 사건이 별개의 상황으로 볼 수 있다. 하지만 터키어에서는 (10a)과 같은 선행절에 과거시제어미 '-DI-'가 오면 대등접속어미가 빠지는 형태론적인 제약을 받는 것이다. 원래 대등접속어미가 쓰이는 선행절에는 시제어미가 오지 않아도 시제의 의미를 느낄 수 있다. 즉 선행절의 사건을 후행절의 사건보다 먼저 이루어져야 된다는 개념이 있기 때문에 보통 시제어미가 선행절에 오지 않는다. 한국어 예문(10a)과 같이 시제와 연결어미를 같이 쓰지 못하기 때문에 시제를 억지로 강조하려고 하면 연결어미가 탈락할 수밖에 없는 것이다. 하지만 의미상으로는 한국어 (10a)의 설명과 같다고 볼 수 있다. 즉 발화시를 기준시로 하는 절대시제에 따르게 된다. (10b)는 선행절과 후행절의 두 사건을 묶어 하나의 상황으로 제시한 것이라서 상대시제에 따르게 된다고 할 수 있다. (10b)는 한국어와 제일 유사한 문장이라고 할 수 있다. (11)는 선행절과 후행절이 서로 밀접한 관계가 있어서 선행절은 후행절에 통합되어 실현되는 시제 요소가 지시하는 시점을 기준시로 하는 상대시제에 따르게 한다. 터키어에서도 선행절에

과거시제어미 '-DI-'가 출현하지 못하는 제약을 받는다. 왜냐하면 두 사건 사이에 밀접한 관계가 있어서 하나의 사건으로 인식될 수 있기 때문에 선행절에 시제어미가 오지 않는다.

접속문에서의 절대와 상대시제는 두 언어에서도 아직은 분명히 밝히지 못하는 것 같다. 대등접속문에서 선행절에 시제어미와 연결어미가 같이 쓰이거나 연결어미만이 쓰이는 경우에 따라서 절대나 상대시제인지를 파악하는 것이 합리적이라고 생각한다. 특히 터키어의 경우는 선행절에 시제어미가 접미되지 않는 제약을 봤는데 이것은 원래 의미상으로는 선행절이 시제의 의미를 갖기 때문에 쓰일 필요가 없는 것으로 해석할 수 있다. 두 언어에서도 선행절과 후행절이 독립적이라면 절대시제에 따르게 되고 그렇지 않으면 상대시제에 따르게 된다고 결론을 내릴 수 있다.

4.3. 동사어간에 복합시제가 접미될 때 절대시제와 상대시제

한국어와 터키어의 경우에도 콤리의 원리를 적용할 수 있다. 시제어미들을 편의상 A, B, C라고 하고 시제어미 제외의 다른 선어말어미를 무시하면 다음과 같이 표현할 수 있다.

한국어와 터키어에서 복합시제(compound tense)[10]의 의미가 어떻게 해석될 수 있는가를 살펴보고자 한다. 콤리(1985:76~77)에 의하면 형성되어지는 절대시제와 상대시제의 의미 해석에 대해 설명하고 있는데 이 설명은 둘 언어 복합시제의 의미 해석에 도움을 준다고 생각한다.

콤리는 영어의 경우를 예로 들어, 통합되어진 시간 관련 형태소들의 집합을 해석하는 방법을 설명하고 있다. 그는 'will have gone'과 같은 경우 먼저 발화시를 기준시점으로 한 '미래(will)'의 의미가 주어지며, 이렇게 형성된 미래는 'will'과 통합된 'have gone'의 시제 해석을 위한 기준

---

10) '복합시제'라는 용어가 임칠성(1991)에서 언급한다.

시점이 된다. 그래서 'have gone'은 미래시를 기준시점으로 한 과거(완료)의 시제해석을 받게 되고 따라서 이때의 과거(완료)는 현재를 바탕으로 한 과거(완료)가 아니라 미래 속의 과거(완료)가 되는 것이다. 그러므로 이 경우 'have gone'은 발화시를 기준시점으로 할 때, 즉 절대시제로서는 과거이지만 'will' 때문에 발화시가 아닌 미래를 기준시점으로 한 시제 해석을 받게 되어 미래 속의 과거가 되므로 절대시제면서 동시에 상대 시제의 해석이 같이 주어지게 된다라고 한다.

한국어와 터키어의 경우에도 콤리의 원리를 적용할 수 있다. 시제어미들을 편의상 A, B, C라고 하고 시제어미 제외의 다른 선어말어미를 무시하면 다음과 같이 표현할 수 있다.

(13) 동사어간 + A + B + C + 어말어미

(13)와 같이 구성된 복합시제의 경우, 먼저 C가 발화시를 기준시점으로 하여 절대시제의 해석을 받고, 동시에 이 C는 B의 시제 해석을 위한 기준시점이 되어 C가 기준시점으로 한 B가 해석되며, 이렇게 해석되는 B는 또한 A의 해석을 위한 기준시점이 되고 이 기준시점을 바탕으로 A가 해석된다. 이렇게 되면 동사어간에 직접 접미된 어미를 제외한 모든 시제어미들은 기준시점을 형성하고, 동사의 어간에 직접 접미된 시제어미만이 그 동작이 발화시 이전이나 이후, 혹은 동시에 발생했는지 아니면 동작이 진행중이라든지 하는 의미를 나타내고 있다고 볼 수 있다[11].

(14) 영수가 학교에 갔겠다.
    Yongsu okula gitmiş olacak.

---

11) 터키어에서도 복합시제의 경우 동사어간에 직접 연결된 시제어미에 대한 비슷한 설명이 있다. 타일란(Eser Erguvanlı, Taylan)(1996)에서는 터키어에서 시제어미 둘이 같이 쓰이면 첫째 시제어미가 완료/미완료를, 둘째 마지막 시제어미가 시제를 나타낸다고 한다.

예문(14)에서 '-겠-'의 앞부분에 서술된 상황은 화자가 발화시의 위치에 서서 인식한 상황이 아니라 미래(추정)의 위치에 서서 인식한 상황인 것이다. '영수가 학교에 갔-'은 미래(추정)의 위치에서 그렇기 때문에 현재의 위치에서는 그렇지 않을 수도 있다. 이런 식으로 '-겠-'은 '영수가 학교에 갔-'의 기준시점을 형성한다. 동사어간에 연결된 '-었-'이 과거(혹은 완료)의 해석을 받는데 이때의 과거(완료)는 발화시를 기준시점으로 한 것이 아니라 미래(추정)를 기준시점으로 한 것이기 때문에 미래(추정) 속의 과거(완료)가 된다. 그리고 '-었-'은 동사어간에 직접 연결된 것이기 때문에 '가다'라는 동사의 상황에만 관련을 가진다. 터키어에서는 '-았/었겠-' 대신에 '-mIş olacak'으로 나타난다. 과거에서 완료된 일을 분명히 나타내기 때문에 '-DI-' 대신에 '-mIş-'가 사용된다. '-mIş' 후에는 ol-acak(되-미래시제어미[12]-(매개자음)[13]-인칭형어미)가 뒤따른다. 이 문장에서 'ol-acak(되-겠-)'의 앞에 서술된 상황은 화자가 미래의 위치에 서서 인식하는 것이다. 한국어와 마찬가지로 'ol-acak(되-겠-)'가 'Yongsu okula gitmiş(영수가 학교에 갔-)'의 기준시점을 형성한다. 그리고 동사어간에 연결된 '-mIş'이 미래를 기준시점으로 한 것이기 때문에 미래 속에 영수가 학교에 갔음이 완료되었다는 의미를 가져서 미래 속의 과거완료가 된다고 할 수 있다. 그리하여 두 언어에서도 사건시를 기준으로 하는 상대시제가 있음을 볼 수 있다.

다음으로는 '-었었-'의 절대와 상대시제 기능에 대해서 다음 예를 들어서 살펴보고자 한다.

---

12) 터키어에서는 부정과거('-(A/I)r-), 과거완료(-mIş) 및 현재진행시제어미('-(I)yor)가 미래시제어미와 직접 결합하지 못하는 제약을 받는다. 그래서 미래시제어미가 동사 'ol-(되-)에 직접 연결되며 부정과거, 과거완료 및 현재진행시제어미 뒤에 나타난다.
13) 주어가 1인칭 단수나 복수의 경우에는 시제어미와 인칭형어미 사이에 매개자음이 삽입된다.

(15) 김피고는 무죄를 선고 받았다. 그런데 김피고는 일심 공판에서는 3
년형을 선고 받았다.(이익섭 1978:372)
Kim Piko suçsuz bulundu. Ancak Kim Piko ilk duruşmada 3yıl
cezalı bulunduydu(/bulunmuştu).

예문(15)는 '3년형을 선고받은' 사건이 과거의 사건인 '무죄를 선고 받
은' 사건 이전에 있었음을 뜻한다. (15)에서는 '-었-'이 절대시제로서의
과거를 대표하는 것에 반해 '-었었-'은 '-었-'으로 나타나는 어떤 과거 상
황의 때를 기준으로 하는 상대시제로서의 과거를 대표하는 것이라고 생
각할 수 있다. 위에서 동사어간에 직접 연결된 시제어미를 제외한 모든
시제어미들은 기준시점을 형성한다고 했는데 '-었었-'의 경우도 마찬가지
다. 뒤의 '-었-'은 앞의 '-었-'의 기준시점을 제공해 준다. 뒤의 '-었-'에
의해 항시 과거라는 기준시점이 제공되기 때문에 '-었었-'의 모든 사건은
과거 속의 사건이 되는 것이다. 예문(15)가 터키어 문장에서도 한국어와
비슷한 기능을 한다. 다만 '-었었-'에 대응되는 시제어미가 두 가지로 표
현할 수 있다. 하나는 '-DIyDI-14)' 다른 하나는 '-mIştI-15)'이다. '-DIyDI-'
나 '-mIştI-'에서의 뒤의 '-DI-'가 앞의 '-DI-'나 '-mIş-'의 기준시점을 제
공해준다. 뒤의 '-DI-'에 의해 기준시점이 제공되어 과거를 제시한다. 앞
의 '-DI-'가 동작상중에 완료상을 표시하고 뒤의 '-DI-'가 과거 시제를
표시한다. 또한 앞의 '-mIş-'도 '-DI-'와 비슷하게 완료상을 표시하는데
차이점이 '-mIş-'가 '-DI-'보다 먼 과거를 설명해준다고 할 수 있다. 동사
어간에 -'DIyDI-'나 '-mIştI-' 형식을 쓰면 과거에서 일어난 행동의 결과
는 발화시에서 아무 유효가 없음을 표현하기 때문에 상대시제를 표현한
다고 할 수 있다.
'-었더-'의 시제제약이 있기 때문에 상대시제에 대한 설명이 불가능하

---

14) '-DIyDI-'가 '-DI+매개자음 'y'+ DI-'의 형성으로 이루어진다. '-DI-'가 모음으로
끝났기 때문에 두 어미 사이에 매개자음이 삽입된다.
15) '-mIştI-'가 '-mIş+DI-'의 결합으로 이루어지는데 '-DI-'의 첫째 글자인 유성음 'D'
가 무성음 'ş' 뒤에 오면 무성음 't'로 바뀐다.

게 보인다. 장경희(1985:58)에서는 '-더-'의 제약을 '동일 주어의 제약', '비동일 주어의 제약', '시제상의 제약'의 세 가지로 나누었는데 시제상의 제약에 대해 '동작의 진행과정에서부터 동작이 완료될 때까지를 계속적으로 관찰한 사실을 {더}가 결합된 문장으로 표현할 때는 과거시제 {었/았}이 사용되지 못하고 痕迹의 확인을 통한 과거사실의 기술에서만 {었/았}이 사용된다는 時制上의 制約이다.'라고 설명하고 있다.

> (16) a. 어제는 내가 보는 데서 철수가 싸우더라.
> 　　　b. *어제는 내가 보는 데서 철수가 싸웠더라.

예문(16b)의 제약은 '-었-'과 '-더-'가 동시에 화자의 위치를 나타내기 때문으로 설명될 수 있다. 예문(16)의 '-었-'은 단순과거적인 의미로서 '어제 철수가 내가 보는 데서 싸웠다'는 사건을 이미 지나간 사건으로서 표현하고 있다. 즉 화자가 발화시의 위치에 서서 어제 내가 보는 데서 철수가 싸웠다는 사건을 전달하는 것이다. 그런데 (16b)의 '-더-'는 사건을 인식시의 위치에 서서 서술함을 드러내어 보인다. 그러므로 화자가 발화시의 위치에 서서 사건을 서술하면서 동시에 인식시의 위치에 서서 사건을 서술하는 것이 불가능하다. 왜냐하면 화자가 동시에 발화시와 인식시의 위치에 서서 사건을 서술할 수 없기 때문이다. 터키어에서 '-었더-'에 해당되는 복합시제가 없기 때문에 이에 대한 절대시제와 상대시제는 설명하지 않겠다.

5. 결론

본 논문에서는 한국어와 터키어에서 절대시제와 상대시제의 관계를 살펴보았다. 두 언어의 차이점을 밝히기 위해서 한국어 과거시제어미

'-었-'과 터키어 과거시제어미 '-DI-'의 절대시제와 상대시제 기능이 어떻게 되는지를 알아봤지만 아직도 살펴봐야 할 점들이 많다고 생각한다. 특히 한국어 과거시제어미 '-었-'이 문장의미에 주로 의존하여 과거뿐만 아니라 현재와 미래의 의미를 가지기 때문에 터키어 과거시제어미 '-DI-'보다 넓은 의미를 가진다는 것을 알게 되었다. '-었-'는 주로 상대시제를 자연스럽게 표현하는데 비해 '-DI-'는 여러 제약을 받고 있다. 터키어 과거시제어미 '-DI-'가 상대시제를 표현할 때 다른 시제어미와 같이 쓰이기도 하고 상대시제를 '-DI-' 대신에 다른 어미가 표현하기도 한다.

홍미로운 것이 있는데 한국어 현재시제는 터키어에서 현재진행시제로 표현된다. 터키어 학교 문법서에서 현대시제와 현대진행시제가 둘이 구별되지만 사실은 공통점이 있기는 하다. 한국어 복합시제 중 '-었겠-'과 '-었었-'의 절대와 상대 시제의 기능과 의미가 터키어에서도 똑같다고 할 수 있다. 두 언어에서 복합시제가 발달되었다고 볼 수 있다.

본 논문에서는 단문, 접속문, 동사어간에 복합시제가 접미될 때 절대시제와 상대 시제의 기능으로 한정하고 살펴보았다. 접속문에서는 절대시제가 성립하기도 하고 후행절 상황시점을 기준으로 하는 상대시제가 성립하기도 하는데 대등접속과 종속접속에 대응한다고 말할 수 있다. 하지만 이 자리에서는 대등접속어미 '-고'와 종속접속어미 '-아/어서'에 대한 예문을 들어서 설명했지만 다른 연결어미들의 경우는 똑같은 결과를 받을 수 있는지를 자세히 살펴볼 필요가 있다고 생각한다.

동사어간에 접미된 시제어미들에 시제·동작상·서법 등 여러 기능을 갖기 때문에 상대와 절대시제에 대해서 분명히 언급하는 것이 힘들 것 같다. 특히 터키어의 경우는 시제어미가 동작상과 서법의 기능을 하기도 하기 때문에 상대와 절대시제의 기능에 대해서 잘 설명하기가 어려울 것 같다.

콤리(1985)을 중심으로 논의를 했지만 교착적인 두 언어의 상대와 절대시제에 대해서 더 넓은 연구를 해야 한다고 생각한다. 콤리(1985)에서는 교착적인 언어들에 대한 상대와 절대시제의 설명이 없기 때문에 각

언어의 특성을 바탕으로 많은 연구를 해야 한다. 이 논문에서 일단 두 언어의 상대와 절대시제의 기능에 대해서 간략히 살펴보았다.

참고 문헌

고영근(1986), "국어의 시제와 동작상", 국어생활 96: 100-111.

─────(1989), 『국어형태론연구』, 서울대학교 출판부.

─────(1990), "시제", 국어연구 어디까지 왔나, 동아출판사: 369-378.

남기심(1975), "이른바 국어시제의 기준시점에 대하여", 국어학논집 3, 계명대학교 (남기심 1978 所收).

─────(1978), 『국어문법의 시제 문제에 관한 연구』, 탑출판사.

남기심·고영근(1985/1994), 『표준 국어문법론』, 탑출판사.

다흐르(Osten Dahl)(1985), *Tense and aspect systems*, Blackwell.

라이온스(John Lyons)(1977), *Semantics 2*, Cambridge University Press.

─────(John Lyons)(1995), *Linguistic Semantics*, Cambridge University Press.

레비스(G.L. Lewis)(1967), *Turkish Grammar*, Oxford University Press.

반구오울루(Tahsin Banguoğlu)(1974), *Türkçenin Grameri*, Baha matbaası, İstanbul

클라인(Wolfgang Klein)(1994), *Time in Language*, Routledge.

클라인/신수송 역(2001), 『언어와 시간』, 도서출판 역락,

서정수(1976), 『시상 상태의 의미 분석』, 문법연구 3.

─────(1996), 『국어문법』, 한양대학교 출판부.

슬로빈·코츠(Dan I. Slobin &Ayhan Aksu Koç)(1982), *Tense, aspect and modality in the use of the Turkish evidential*, in Paul L. Hopper ed., Tense-aspect: Between Semantics and Pragmatics Amsterdam: John Benjamins: 185-200.

아케리손·오질(Fatma Erkman Akerson&Şeyda Ozil)(1998), *Türkçede Niteleme Sıfat İşlevli Yan Tümceler*, Simurg, İstanbul.

코츠(A. Aksu Koç)(1988), *The acquisition of aspect and modality-The case of past reference in Turkish*, Cambridge studies in linguistics supplementary volume, Cambridge University Press.

키리 이(Lee Kiri)(1998), *Relative Tense and absolute tense in adverbial adjuncts in Japanese*, in Akio Kamio&Ken-Ichi Takami ed., Function and Structure, Amsterdam: John Benjamins: 215-250.

야와쉬(Feryal Yavaş)(1980), *On the meaning of the tense and aspect markers in Turkish*,

Unpublished Ph. D. dissertation, University of Kansan.

언더힐(Robert Underhill)(1976), Turkish Grammar, The MIT Press.

이남순(1998), 『시제, 상, 서법』, 도서출판 월인.

이익섭(1978), 『상대시제에 대하여』, 관악어문연구 3.

이익섭·임홍빈(1983), 『국어문법론』, 학연사.

임홍빈·장소원(1995), "절대시제와 상대 시제", 국어문법론 I, 한국방송통신대학교 : 415-416.

임칠성(1991), 『현대국어의 시제어미 연구』, 전남대학교 박사학위논문.

장경희(1985), 『현대국어의 양태범주 연구』, 탑출판사.

최동주(1998), 『시제와 상』, 문법연구와 자료: 227-260.

최현배(1983), 『우리말본』, 정음문화사.

콘필리트(J. Kornflit)(1997), Turkish, Routledge.

콤리(B. Comrie)(1976), *Aspect: an introduction to the study of verbal aspect and related problems*, Cambridge University Press.

―――(B. Comrie)(1985), Tense, Cambridge University Press.

한동완(1996), 『국어의 시제 연구』, 태학사.

한현종(1990), 『현대국어의 시제체계의 수립과 그 제약조건』, 서울대 국어국문학과 석사학위논문.

휘세인 크르데미리(1998), 『현대 한국어와 터키어의 어순 비교 연구』, 국어연구 157.

자립형식으로도 기능하는 한자접미사

카 노 크 완

1. 들어가며

한국어에는 순 고유어 이외에 많은 외래어가 포함되어 있다. 특히 한자어는 중국에서 온 외래어이지만 한글이 아직 만들어지지 않았던 이전 시대부터 오늘날까지 한국에서 오래 사용되어 왔기 때문에 한자어와 한국어의 관련성은 다른 어떤 외래어보다도 긴밀하다. 그래서 한국어를 잘 알고 이해하려면 한자어를 잘 알아야 한다고 생각한다.

형태론의 견지에서 한자어가 한국어에서 기능하는 방식을 분류해 보면 대략 세 가지로 나누어 볼 수 있다. 최소한 형태소로 볼 때는 혼자서 자유롭게 나타날 수 있고 대응하는 고유어가 현대국어에 존재하지 않아서 단음절 고유어로 착각될 정도로 자립형식 기능을 갖는 한자어가 있다. 반면에 혼자서 나타날 수 없어서 다른 한자 형태소와 결합해야 하고 대응하는 고유어가 있어서 어근 기능을 갖는 한자어가 있다. 그리고 새로운 단어를 만드는 접사 기능을 갖는 한자어가 있다.

 (1) 가. 문(門)이 열려 있다.
   나. *우(雨)가 온다.
   나'. 비(雨)가 온다.
   다. 한국은 선진국(先進國)으로 되려고 노력하고 있다.

 (1가)는 고유어가 없는 것이기 때문에 고유어와 별 차이 없이 인식되는 것으로 보인다. 반면 (1나)처럼 고유어가 있는 것(雨(우)=비)은 고유어와 의미분화를 일으키면서 비교적 한자어라는 인식이 뚜렷하다. 그래서 (1나)의 '우가 온다'에 대신하여 (1나')의 '비가 온다'라고 써야 맞는 말이고 어근으로서 '雨'가 '우기(雨期), 우적(雨滴), 백우(白雨), 산우(山雨)'로 나타나야 한다. (1다)는 한자어접미사 예이다.

 (1가)의 문(門)과 같이 산(山), 강(江), 정(情), 오(伍), 열(列), 뇌(腦)의 예들은 1음절 한자인데도 자립형식[1] 이어서 국어 어휘체계 속에 깊이 들어와 한자어라는 인식이 사라져 가는 예에 속한다.

---

1) 노명희(1998)에 의해 한자어 종류는 한자어 기능 단위의 유형에 따라서 다음과 같이 나누었다.
 1. 의존형식
  1) 어근
   가. 활성어근
    – 강활성어근 : 신선(新鮮), 강력(强力), 적극(積極), 거국(擧國), 간이(簡易), 학구(學究)
    – 약활성어근 : 맹(猛), 호(好), 가(街), 금(金)
   나. 비활성어근 : 국(國), 가(家), 분(分), 귀(貴), 천(賤), 구(求)
  2) 접사
   가. 접두사 : 생(生), 양(洋), 시(媤)
   나. 접미사 : 적(的), 성(性), 시(視)
 2. 자립형식 : 문(門), 산(山), 부모(父母), 우정(友情), 상장(賞狀)
 3. 제한적 자립형식
  1) 명사성을 지닌 제한적 자립형식 : 일(一), 진(眞), 민(民), 충(忠)
  2) 서술성을 지닌 제한적 자립형식 : 작(作), 선(選), 백(白), 축(祝)
  3) 특정 조사와 결합하는 제한적 자립형식 : 소기(所期), 불굴(不屈), 여타(餘他)

고유어 접미사는 자립성을 띠는 것이 있기도 하고 자립성을 띠지 않는 것이 있기도 하다.

> (2) 가. 연말이 되니까 <u>거리</u>에 많은 사람들이 붐빈다.
>   나. 요즘에 시장에 가도 반찬할 만한 <u>거리</u>가 없다.
>   다. 냉장고에 있는 반찬<u>거리</u>가 뭐예요?

(2가~다)는 각각 '거리'를 사용하여 문장을 만들고 있지만 그 의미와 형태소는 서로 다르다. (2가)는 '넓은 길'이란 의미를 갖는데 (2나, 다)는 '음식을 만드는 재료'라는 의미를 갖는다. 이 때 (2가)는 자립명사로 처리하고 (2나)는 (의존)명사로 처리하며 (2다)는 접미사로 처리한다.

> (3) 가. '잠<u>보</u>'는 어떤 사람은 가리켜서 하는 말입니까?
>   나. *잠을 많이 자는 <u>보</u>는 누군가요?

그러나 (3가)와 (3나)에서의 '보'는 서로 다르다. 여기서 '보'는 '사람'의 뜻을 갖는데 접미사로는 쓸 수 있지만 (의존)명사로는 쓸 수 없는 것으로 보인다.

그렇다면 한자어 접미사들은 고유어처럼 쓸 수 있는 것이면서 동시에 고유어처럼 쓸 수 없는 것으로도 볼 수 있다고 생각한다.

> (4) 가. 이 <u>곡(曲)</u>은 너무 어려워서 따라 부르기가 힘들어요
>   나. 이번 연주에서는 아주 수준 높은 합창곡을 연주해야 한다.
>   가'. *지하철 안에서 <u>모(帽)</u>를 잃어버렸다.
>   나'. 대학교 졸업식에는 학생들이 학사<u>모(帽)</u>를 쓴다.

(4가)와 (4나)에서의 '曲'은 '노래'란 뜻을 공통적으로 갖고 있으면서 '가'는 고유어처럼 쓰고 '나'는 접미사로서 어기 '합창-'과 결합하여 쓴다. 그렇지만 (4가')와 (4나')에서의 '모(帽)'는 '모자'란 의미를 나타내지만 이 때는 어기 '사각-'과 결합하여 접미사로만 쓸 수 있다.

그리고 (4가)의 접미사 '曲'는 음운이 변하지 않고 자립형식으로 쓰이며 의미도 그대로 쓰이는 예이다.

다음으로는 접미사가 음운 변동 없이 자립형식으로 쓰이는 경우와 접미사가 경음화를 통해 자립형식으로 쓰이는 경우를 하나씩 살펴보기로 한다.

2. 접미사가 음운 변동 없이 자립형식으로 쓰이는 경우

(4)의 예들처럼 접미사가 되든지 자립형식이 되든지 음운은 변함이 없고 의미도 변화하지 않는다.

감(感)

'感'이 한자어근 기능을 지니며 '감격(感激), 감동(感動), 감명(感銘), 감상(感想), 감읍(感泣)'과 '소감(所感), 실감(實感), 다감(多感), 악감(惡感), 통감(痛感)'으로 형성된다. 접미사로는 어기 '거리-, 친밀-, 사명-, 승리-, 안정-, 우월-, 책임-, 의무-, 비공-, 친근-, 위기-, 적대-, 안도-, 열등-, 실망-, 절망-, 허무-, 공복-, 신비-, 현실-, 중압-, 민족-, 죄책-, 입체-' 같은 어기들과 결합하여 '거리감, 친밀감, 사명감, 승리감, 안정감, 우월감, 책임감, 의무감, 비공감, 친근감, 위기감, 적대감, 안도감, 열등감, 실망감, 절망감, 허무감, 공복감, 신비감, 현실감, 중압감, 민족감, 죄책감, 입체감' 파생어를 만들었다.

> (5) 가. 그와 나는 동급생이면서도 가정환경의 차이 때문인지 늘 어떤 거리감을 가지고 대해 왔다.
> 나. 막상 헤어지자니 아쉬운 감(感)이 있다.

다. 전화의 <u>감(感)</u>이 안 좋아서 소리가 안 들린다.

(5가)의 '거리감'은 접미사 파생어로서 문장을 구성한 예이며 (5나)는 의존명사로 문장을 형성한 것으로 보인다. 어근과 접미사, 그리고 의존명사 기능을 가지는 때는 '느끼다, 감동하다'의 뜻을 갖는다. 그러나 (5다)의 '感'을 보면 명사로 또 다른 의미의 '통신기기에 수신되는 예민한 정도'를 지닌다는 것을 인식해야 된다.

과(課)

'課'가 한자어근으로 처리되고 어근 '-稅, -業, -程, -題'와 결합하여 '과세(課稅), 과업(課業), 과정(課程), 과제(課題)'를 '매기다'의 뜻으로 만들었다. '관리과, 총무과'에서는 접미사로 처리된다. '관청·회사 등의 업무 조직의 한 구분'의 뜻이다.

    (6) 가. 김 선생님은 관리과의 과장님이다.
        나. 김진호씨는 어느 <u>과(課)</u>에서 근무합니까?

(6가)는 접미사로 파생어를 만든 예문을 표시하며 (6나)는 명사로 구분할 수 있는 '課'의 예문이고 의미는 접미사로 처리할 때와 같다.

객(客)

'客'이 한자어근으로 보일 때, '손, 나그네'의 뜻이며 '객지(客地), 객려(客旅), 객사(客死), 객비(客費), 주객(主客), 출객(出客), 생객(生客), 야객(夜客)'으로 형성한다. '사람'의 뜻으로는 '정객(政客), 하객(賀客), 사객(詞客)'을 만들고 '행동의 대상'의 뜻이면 '객체(客體), 객작(客作), 객용(客傭)'을 만든다. 그리고 '지나가다'의 뜻이면 '객년(客年), 객동(客冬), 객세(客歲), 객추(客秋)', '객적다'의 뜻이면 '객기(客氣), 객담(客談), 객인(客

人), 객설(客說)' 등을 생산한다. '불청객, 관람객, 불평객, 관광객, 입장객'에서 어기 '불청-, 관람-, 불평-, 관광-, 입장-'과 결합하여 접미사로 구분한다.

    (7) 가. 관광객이 줄을 잇다.
        나. 성불사 깊은 밤에 그윽한 풍경 소리. 주승은 잠이 들고 <u>객(客)</u>이
           홀로 듣는구나.(이은상의 시 「성불사의 밤」)

(7가)는 접미사 가능의 예문을 표시하며 (7나)는 명사로 구분할 수 있는 '客'의 예문이다. 이들 모두 의미는 공통적으로 '손(님)'으로 볼 수 있다.

금(金)

'금속(金屬), 금석(金石), 금창(金創), 금도(金鎇)'에서 '금(金)'은 '쇠, 쇠붙이'란 의미를 갖는다. '금관(金冠), 금갱(金坑), 금단(金丹), 금백(金帛), 황금(黃金), 순금(純金), 사금(砂金)'에서는 '금, 황금'의 의미를 지닌다. 그리고 '금품(金品), 금력(金力), 금리(金利), 금전(金錢), 금주(金主), 대금(代金), 대금(貸金), 만금(萬金), 모금(募金), 반금(返金)'에서 '돈'의 의미를 가지고 '금발(金髮), 금뢰(金蕾), 금모(金毛), 금벽(金碧)'에서 '빛, 금빛'의 의미를 갖는다. 여기서는 '金'이 한자어근으로 처리된다. '격려금, 기부금, 찬조금, 공과금, 미납금, 체납금, 중도금, 장려금, 위로금, 자본금, 가산금, 배상금, 당첨금, 십팔금, 장학금, 보증금, 대출금, 계약금金'에서는 접미사로 어기 '격려-, 기부-, 찬조-, 공과-, 미납-, 체납-, 중도-, 장려-, 위로-, 자본-, 가산-, 배상-, 당첨-, 십팔-, 장학-, 보증-, 대출-, 계약-'과 결합하여 '돈'의 의미를 갖는다.

    (8) 가. 나오끼씨는 <u>장학금</u>으로 유학을 왔나요?
        나. <u>금(金)</u>보다 다이아몬드가 더 비싸요
        다. <u>금(金)</u> 백만 원정.

(8가)의 '장학금'은 접미사 파생어로서 문장을 구성한 예이다. (8나, 다)는 명사로 문장을 형성한 것으로 보인다. (8나)에서 '누른빛의 광택이 나는 귀금속'의 뜻을 지닌다. (8다)에서 수표나 어음, 기타 문서에서, 액수 앞에 붙어 '돈'의 뜻을 가진다.

'金'은 명사로 또 다른 의미도 있다. '오행(五行)의 하나'와 '금요일의 준말'이다.

망(網)

'망라(網羅), 망사(網紗), 망고(網罟), 망포(網捕), 법망(法網), 어망(魚網), 천망(天網), 형망(刑網)'에서는 '網'이 '그물, 그물을 치다'의 의미를 가지며 한자어근으로 기능한다. '연락망, 통신망, 수사망, 교통망, 방송망, 정보망'에서는 '그물처럼 만들어 가려 두거나 치거나 치밀하게 얽힌 조직 체계나 물건'이란 의미를 지니며 접미사로 기능하고 (9가)의 예문과 같다.

(9) 가. 적의 경계망을 피한다.
　　나. 우리창문에 망(網)을 친다.
　　다. 학교의 컴퓨터를 연결하는 망들의 상태를 꼼꼼히 살펴봐요

(9나)에서는 '망(網)'을 명사로 사용한 문장구성으로 (9가)와 비교해서 표현한 것이다. 또한 '網'은 고유어처럼 '컴퓨터 단말기를 접속하기 위해 사용되는 기기 및 선로 등으로 구성되는 전송 매체들의 연결망'의 뜻으로 사용하기도 한다.

미(美)

'미인(美人), 미모(美貌), 미녀(美女), 미희(美姬), 미풍(美風), 심미(審美), 우미(優美), 사미(四美), 제미(濟美)', '미식(美食), 미미(美味), 미주(美酒), 미효(美肴)', '미화(美貨), 미군(美軍)'에서 '美'가 한자어근으로서 순서대

로 '아름답다', '맛있다', '미국의 약칭'의 뜻을 갖는다. 같은 '아름다움'의 뜻을 가지면서 '지성미, 고전미, 자연미, 인공미, 육체미, 조형미, 교양미, 건강미, 조화미'에서는 접미사로 어기 '지성-, 고전-, 자연-, 인공-, 육체-, 조형-, 교양-, 건강-, 조화-'와 결합한다.

(10) 가. 자연<u>미</u>와 인공<u>미</u>가 잘 조화된 공원이다.
      나. <u>미(美)</u>를 창조한다.
      다. 삼보 「e타워」 美시장 4위 『우뚝』.

(10가)에서는 접미사로 생성된 파생어의 문장을 만들었고 (10나)는 명사처럼 쓰인 것이다. 그러나 고유명사로서의 다른 의미도 갖는다. '미국(美國)[2]을 줄여 이르는 말'을 가리켜서 (10다)와 같이 쓰이기도 한다. 그리고 철학적으로 '개인적 이해 관계가 없이 내적 쾌감을 주는 감성적(感性的)인 대상'의 의미로도 쓰이고, 교육적으로 '성적 평가 기준의 하나'의 의미로도 쓰인다.

학(學)

(11) 가. 언어<u>학</u> 사전을 어디에 살수 있겠어요?
      나. 후설은 1911년 3월에 「엄밀한 <u>학(學)</u>으로서의 철학」을 발표했다.

'學問(학문), 學部(학부), 學園(학원), 學者(학자), 工學(공학), 化學(화학), 語學(어학), 大學(대학)'에서는 '배우다, 공부한다'의 뜻이며 '學'이 한자 어근으로 보인다. '통계학, 종교학, 연극학, 측량학, 논리학, 물리학, 심리학, 지리학, 천문학, 생물학, 기상학, 위생학, 해석학, 언어학, 경영학, 교육학, 유전학, 경제학, 기하학, 사회학, 정치학'에서는 '학문의 한 부문'의

---

2) '美'라는 한자는 '아름답다'라는 뜻 이외도 '미국'을 나타내 사전에 뜻풀이를 해왔다. 그리고 독일의 獨, 이탈리아의 伊, 프랑스의 佛 같은 다른 나라의 한자이름보다 미국의 美가 더 활발하게 사용되고 있음을 잘 알고 있다.

뜻이며 접미사로 보인다. (11가)에서는 '언어학'은 접미사 파생어로서 문장을 구성한 예이다. (11나)에서는 '學'은 명사로서 '학문'의 의미로 쓰인 문장이다.

위에서 본 예들은 음운 변함이 없이도 한국어 체계 속에서 제한을 갖지 않고 자유롭게 나타나기 때문에 고유어처럼 쓰이고 고유어와 동일하게 취급된다는 것이다. 다음으로는 접미사가 경음화가 되면서 자립형식(명사)으로 쓰일 수 있는 예들을 살펴보기로 한다.

3. 접미사가 경음화를 통해 자립형식으로 쓰이는 경우

이것은 원래 텔레비전에 특히 오락이나 신세대들이 나오는 프로그램에 자주 볼 수 있고 일상생활에서도 잘 쓰는 말투이다. 이 말들은 첫 글자가 연구개음 'ㄱ'와 경구개음 'ㅈ'으로 초성이 되고 자립형식으로 기능할 때 된소리(경음)가 되는 것이다.

과/꽈(科)

'科'가 한자어근으로서 '교과(教科), 내과(內科), 문과(文科), 全科(전과)'와 같은 말이 되면 '과목, 조목'이란 의미를 가지고 '과객(科客), 과방(科榜), 과시(科詩), 과한(科宦)'과 같은 말이 되면 '과거'란 의미를 갖는다. 접미사로서 '소아과, 국문과'와 같은 말이면 '전문 분야나 학과의 구분단위'란 의미를 갖는다. (12가)의 '국문과'는 접미사파생어로서 문장을 구성한 예이며 (12가)는 (12나)와 같은 의미로 쓰고 자립명사로 문장을 형성한 것으로 본다.

(12) 가. 저는 국문과의 대학원생입니다.
     나. ㄱ. 김선기라는 분이 우리 꽈의 대표입니다.
        ㄴ. 꽈에 가서 조교에게 알아보게.
        ㄷ. 꽈의 사정이 좋지 못해요
     다. 그 사람은 무슨 과(科) 교수입니까?

'꽈'는 대학교의 학과에 관한 말로 쓰인다. '꽈'만 말하든 '꽈사무실'까지 말하든 이해가 된다. 그리고 그냥 '科'를 명사로 쓴다. 특히 다른 기관이나 대학교의 학과 이외에는 '꽈'를 쓰지 않고 그냥 '…과'를 쓴다. '총무과, 관리과, 홍보과'는 그 예들이다.

기/끼(氣)

'기력(氣力), 기단(氣短), 기사(氣使), 원기(元氣), 객기(客氣)'에서 '氣'는 한자어근으로 보이고 '기운, 힘'이란 뜻을 갖는다. '숨'이란 뜻은 '기관(氣管), 기식(氣息), 기절(氣絶)'에서 나타나고 '상태'란 뜻은 '기분(氣分), 기지(氣志), 기상(氣尙)'에서 나타난다. 기압(氣壓), 기체(氣體), 기운(氣韻), 공기(空氣)'와 같은 경우는 '기체'란 의미를 갖고 '기품(氣稟), 기질(氣質), 기성(氣性)'과 같은 경우는 '기질'이란 의미를 갖는다. '기상(氣象), 기개(氣槩), 기백(氣魄), 절기(節氣), 일기(日氣)'은 '일기'란 의미를 지닌다. 접미사로 처리되면 어기 '물-, 기름-, 소금-, 분(氛)-, 시장-, 잠-, 분(噴)'과 결합하여 '물기, 기름기, 소금기, 분(氛, 噴)기, 시장기, 잠기'가 되어서 '기운, 성분, 느낌'의 의미를 갖는다.

(13) 가. 그릇의 물기를 마른행주로 닦아 내라.
     나. ㄱ. 저 애는 하는 모양을 보니 끼가 다분히 있다.
        ㄴ. 도저히 김양의 끼를 말릴 수가 없다니까.
     다. 저 사람은 기가 너무 세요

(13가)는 접미사파생어로서 '물기'로 문장을 구성한 예이다. (13나)는

자립명사로 문장을 형성하며 '기운, 힘'의 뜻이지만 '끼'는 주로 재능이 많고 특별한 실력이 대단한 사람을 가리킨다. 특히 연예계에서 이것에 관한 예를 자주 하고 들을 수 있다. (13다)에서 '氣'는 음운이 변하지 않아도 자연스럽게 명사로 쓸 수 있다.

장/짱(長)

'長'은 자립형식으로 사용을 할 수 있지만 아직 어근 기능을 가지고 있다. '장로(長老), 장자(長者), 가장(家長)'은 '어른'이라는 의미를 지니고 '장성(長成), 성장(成長), 생장(生長)'은 '자라다'란 의미를 지닌다. '장검(長劍), 장도(長刀), 장류(長流), 장사(長蛇)'에서 '길다'란 뜻이고 '장년(長年), 장수(長壽), 장령(長齡)'에서 '오래다'를 뜻한다. 또한 '뛰어나다, 잘하다'란 의미를 가지며 '장기(長技), 장계(長計), 장대(長大), 장책(長策)'으로 형성한다. 그리고 '우두머리'란 의미를 가지며 '장관(長官), 장리(長吏)'을 만들었다.

> (14) 가. 우리 학과잠님이 누구신지 아세요?
> 나. ㄱ. 그는 여러 사람의 짱이 될 소양이 충분한 사람이다.
> ㄴ. 우리 모임의 짱야.
> ㄷ. 국문과 짱은 어디 갔어요?
> ㄹ. 철수는 짱!
> 다. <u>잠(長)</u> 노릇하기가 그렇게 쉬운 것이 아니다.(표준 국어대사전)

'조합장, 후원회장, 학과장, 국장, 사단장, 위원장'는 접미사파생어로서 '책임자'의 뜻을 가지며 (14가)처럼 문장을 만든다. (14나)는 젊은 대학생들 사이에 쓰이는 경우가 많고 다 명사로 쓰인 것으로 보이고, ㄱ~ㄷ은 '학회장, 학생회장, 동아리회장'의 의미로, ㄹ은 '어떤 일을 잘 하는 사람'의 의미로 나타남을 볼 수 있다. (14다)는 '長'이 같은 의미로 명사기능도 한다.

다음으로는 텔레비전에 나오는 프로그램이나 젊은이들만 사용되는 말이 아니라 보편적으로 사용되고 있다.

군/꾼(軍)

(15) 가. 군기(軍機), 군마(軍馬), 군비(軍備), 군려(軍旅)
　　　육군(陸軍), 해군(海軍), 공군(空軍), 전군(全軍)
　　나. 군공(軍功), 군기(軍紀), 군비(軍費), 군신(軍神)
　　다. 군문(軍門), 군영(軍營), 군중(軍中), 군진(軍陳)
　　라. 노름꾼, 싸움꾼, 말썽꾼, 술꾼, 잔소리꾼, 난봉꾼, 호색꾼, 방해꾼,
　　　사기꾼, 건달꾼, 주정꾼, 거간꾼, 도박꾼
　　마. 나무꾼, 짐꾼, 농사꾼, 막일꾼, 날삯꾼, 품팔이꾼, 땅꾼, 일꾼, 장
　　　꾼
　　바. 염탐꾼, 염알꾼, 도망꾼, 발쇠꾼
　　사. 구경꾼, 세배꾼, 보행꾼
　　아. 여리꾼, 익살꾼, 재담꾼, 소리꾼, 씨름꾼, 사냥꾼, 낚시꾼, 살림꾼,
　　　재주꾼
　　아′. 영숙이도 이젠 살림꾼이 다 되었구나.
　　자. ㄱ. 2~3일은 꾼들이 기다리는 바다 낚시의 시즌이다.
　　　ㄴ. 김씨 아저씨는 낚시에 관한 한 이제 꾼이에요
　　　ㄷ. 저 녀석 술을 마시는 것을 보니 꾼이 다 되었다.
　　차. 내일 내 남자친구가 군(軍)에 입대할 거야.

(15가~다)는 한자어근으로서 '軍'이 '군'의 발음이지만 (15라~아)는 접미사로 (15자)는 고유명사로 '軍'이 '꾼'의 발음이 된 것으로 처리된다. (15가)는 '군사, 군대'란 의미를 가지며 (15나)는 '싸우다, 전투하다'란 의미를 갖는다. (15다)는 '진영'이란 의미를 가지며 (15라)는 '부정적인 일이나 그와 관련된 행동을 습관적으로 자주 하는 사람'을 낮추어 가리키는 말이다. 그리고 (15마)는 '주로 몸으로 직접 하는 일을 벌이 수단으로 하거나 주된 일로 삼는 사람'을 나타내는 말이며 (15바)는 '남몰래 부정적인 일을 하는 사람'을 가리킨다. (15사)는 '어떤 행동을 하는 사람의

무리임'을 나타내며 (15아)는 '어떤 일을 능숙하게 즐거움으로 하는 사람'을 가리킨다. (15아')는 '꾼'을 접미사로 쓰는 문장을 보인 예이다. (15자)는 명사처럼 쓰는 '꾼'을 문장구성으로 한 예이다. 전체적으로 '사람'이란 의미를 가리킨다. (15아)의 '군'은 '군대'의 뜻이고 명사로 사용해도 아무 이상이 없다.

'軍'과 '꾼'에 대한 의견이 있어서 다음으로 제시하고자 한다.

위의 한자어들은 '군→꾼'으로의 발달에서 탈락한 예로 어휘화된 단어들로 본다. '軍'과 '꾼'이 역사적으로 어떻게 관계를 맺을 수 있었을까? 하나의 가능성으로 생각할 수 있는 것은 '꾼'이 먼저 있었고 이를 한자로 옮기는 과정에서 '軍'의 예들이 생겼다고 보는 것이다. 속담을 한역하면서 국어사전에 오르게 되었다고 보는 것이다. '꾼'이 '軍'외에 '君'으로도 표기됐다는 점이 '軍'이 취음이라는 증거가 될 수 있어 보이나, '軍'에서 '꾼'이 벗어난 이후의 혼란된 표기로 볼 수도 있으므로 큰 증거력을 갖지는 못한다. 또 하나의 가능성은 '軍'이 한국어에서 쓰임이 확장되면서 '꾼'을 낳았다고 보는 것이다. 부역에 '軍'이 아닌 '民'이 동원될 때도 '軍'으로 표현했는데 이로부터 '役軍(역군), 募軍(모군)'의 표현이 생기고 '軍'의 쓰임이 확장되면서 '꾼'을 낳은 것으로 볼 수 있다(조남호, 1988:31~32). 필자의 생각에는 후자의 가능성이 있다고 본다.

또한 '꾼'으로 표기하느냐 '군'으로 하느냐는 정서법의 문제인데 뜻없이 나는 된소리 적기의 '날-짜, 이-빨, 말-썽, 귀-싸대기'의 '-짜, -빨, -싸대기'와 같은 접미사의 표기와 다를 바 없으므로 '꾼'으로 표기함이 맞다. 만약에 '꾼'이 꼭 한자어 '군(軍)'의 뜻으로 쓰였다면 접미사로 처리될 수 없다(김계곤, 1996:79)는 견해에 의하면 여기서는 '꾼'이 '군(軍)'의 '군대나 싸움'에 대한 뜻으로 처리하기가 어렵다고 판단된다.

> (16) 가. (자동차)くるま꾼, (놀리는 사람)ひ也かし꾼, (소매치기)すり꾼,
>   party꾼, (많이 파는 것) たばい꾼
> 　나. 거추꾼, 쎙이꾼, 배상꾼

(16가)는 '軍(군)'이 접미사로 외래어와 결합하고 (16나)는 불완전어기와 결합한 것을 보인다.

증/쯩(證)

> (17) 가. 증명(證明), 증서(證書), 증인(證人), 증험(證驗)
> 　　　　명증(明證), 고증(考證), 예증(例證), 좌증(左證)
> 　　나. 신분증, 자격증, 학생증, 출입증
> 　　나'. 신분증을 좀 보여 주시겠어요?
> 　　다. ㄱ. 어디 가든지 쯩을 달라고 하니?
> 　　　　ㄴ. 영철군, 쯩이 있어요?
> 　　　　ㄷ. 여기서 출임하려면 쯩이 필요해요.
> 　　라. 이런 실력 사회에서 <u>증(證)</u>을 하나 더 따 놓는다면…(연세 한국
> 　　　　어사전)

(17가)에서는 '證'이 한자어근으로서 '증거하다, 증험하다'란 의미를 가진다. (17나)에서 접미사로서 어기 '신분-, 자격-, 학생-, 출입-'과 결합하여 '증명서'의 뜻을 가지며 (17나')는 (17나)의 예문을 표시한다. (17다)는 명사로 구분할 수 있는 '쯩(證)'을 '신분증'의 뜻으로 쓰고 (17라)도 '證'으로 나타날 수 있다.

4. 나가며

앞에서 본 내용을 보면 음운변화 없이 자립형식이 되는 한자어 접미사의 경우는 접미사 기능과 자립형식 기능이 같은 의미로 나타나고 있다. 그러나 '感, 金, 美'와 같은 경우에는 접미사와 관계없이 자립형식만으로 또 다른 의미를 갖는 경우를 따로 볼 수 있다. 경음화를 통해 자립

형식으로 쓰이는 한자어 접미사 경우는 자립형식 기능을 가질 때에 의미축소(꽈, 끼, 짱, 쫑)와 의미확대(꾼)의 현상이 나타나고 있다. '꽈, 꾼, 끼, 짱, 쫑'들은 경음화가 안 되어도 자립명사로 사용할 수 있는 것으로 보아 처음에 '과, 군, 기, 장, 증'으로 표시하던 것이 발음을 하면서 점차로 경음화를 겪어서 '꽈, 꾼, 끼, 짱, 쫑' 등으로 된 것이라고 생각한다.

한국어의 단어형성에서 한자어는 아주 적극적인 기능을 하고 있다. 그 기능의 정도가 아주 굳건해서 앞으로도 더 넓게 자신의 영역을 확장해 갈 것으로 짐작한다. 특히 경음화가 되는 예들을 보면 음운이 변하여 자립형식으로 새로운 통사적 기능을 갖는 한자어들을 보게 되는데 이런 현상은 아직 몇 개밖에 없으나 시간이 지나갈수록 숫자가 늘어날 거라고 믿는다. 구개음에서 일어나는 것만이 아니고 양순음 'ㅂ', 치조음 'ㄷ', 그리고 파찰음 'ㅅ'에도 일어날 수 있는 가능성이 있다고 본다.

한자어말고 영어 외래어에서 온 '-팅(-ting)'도 이것과 비슷한 현상을 경험하고 있다. '-팅'은 먼저 '미팅(meeting)'으로 한국어에 들어왔다. 'meeting'이란 의미로 '-팅'은 접미사화가 되어서 한국어와 결합하여 '소개킹, 방팅'과 같은 단어를 형성한다. 지금은 여기서 더 나가, 어떤 텔레비전 광고에서 보면, '-팅'이 접미사기능을 버리고 접미사 '-하다'와 결합해서 '우리 팅하자'라는 문장을 만들기도 한다.

이미 확실하게 접미사 역할을 하는 한자어가 있음을 인정하면서 동시에 많은 한자어가 국어에 동화되어 가는 과정에 있음을 인정하여 그것의 중간단계도 인정하는 것이 좋을 것이다. 즉 한자어 형태론에서는 확실한 접미사와 더불어 준접미사(suffixoid)도 인정하자는 것이다. 이렇게 함으로써 고유어화 과정에서 회색지대에 놓여 있는 많은 한자어를 보다 쉽게 기술할 수 있을 것으로 생각한다.

참고 문헌

강혜근·상기숙·김정기(1997),『실용 대학한자』, 성문문화사.

고영근(1989),『국어형태론 연구』, 서울대학교 출판부.

국어학사전(1995), 한글학회.

김규철(1997), "한자어 단어형성에 대하여", 국어학 29.

김민수·고영근·임홍빈·이승재 편(1996),『국어대사전』, 금성출판사.

김정은(1995),『국어 단어형성법 연구』, 박이정.

노명희(1997), "한자어 형태론", 국어학 29.

─────(1998), "현대국어 한자어의 단어구조 연구", 서울대학교 박사학위논문.

박영섭(1995),『국어한자어휘론』, 박이정.

송철의(1977), "파생어형성과 음운현상", 국어연구 38호.

─────(1989), "국어의 파생어형성 연구", 서울대학교 박사학위논문.

안병희·허 경(1997),『국어문법론Ⅱ』, 한국방송대학교 출판부.

연세 한국어사전(2000),『연세대학교 언어정보개발연국원 편』, 두산동아.

이관규(1999),『학교문법론』, 도서출판 월인.

이상은(1994),「漢韓大辭典』, 민중서림.

이익섭(1968), "한자어 조어법의 유형," 이숭녕 박사 송수기념논총.

이정민·배영남(1989),『언어학사전(개정판)』, 박영사.

정원수(1998), "한자(漢字) 어근의 범주변화", 어문연구 30집.

조남호(1988), "현대국어의 파생접미사 연구─생산력이 높은 접미사를 중심으로─",
                국어연구 85호.

표준국어대사전(1999), 국립국어연구원.

집필진 명단

* 이지영
* 박소영
* 이병기
* 신서인
* 송정근
* 남수경
* 술탄 훼라 아크프나르
* 후세인 크르데미리
* 카노크완

국어학논집 제5집

인 쇄 2003년 11월 10일
발 행 2003년 11월 17일
엮은이 서울대학교 국어국문학과
발행인 이대현
편 집 안현진 · 장은미 · 박윤정 · 조혜진
펴낸곳 도서출판 **역락** / 서울 성동구 성수2가 3동 301-80
　　　　(주)지시코 별관 3층(우133-835)
Tel 대표 · 영업 3409-2058 편집부 3409-2060 FAX 3409-2059
E-mail yk3888@kornet.net / youkrack@hanmail.net
등 록 1999년 4월 19일 제2-2803호

정가 7,000원
ISBN 89-5556-222-5-93710
*잘못된 책은 교환해 드립니다.